The Essential Krishnamurti

Total Freedom

Krishnamurti

全然的自由
克里希那穆提要义

〔印度〕克里希那穆提 著
廖世德 译

II

上海三联书店

目 录

第一部
人生的问题

克里希那穆提一生做过几千次公开谈话，也和很多人做个别讨论。除此之外，他到许多国家参加年度聚会，也总是邀请大家提问题讨论。到了晚年，听众是用字条而非口头提问题，他仍然像他常说的，跟大家“像朋友般在一起”探讨问题，表达得非常自然流畅，言论令人耳目一新。

他常与科学家、教育家，各国克氏基金会学校的教职员、学生参加座谈、讲座，巡视这些学校，传播教言；和精神医师、心理学家，几乎每一种行业的人士，安排他旅行演讲的基金会理事对谈。

他认为给年轻人适当的教育，是每一代人必须关心的主要问题，印度、英国、美国都有以他名义创办的学校。他常到学校去，跟学生、老师随意坐下来，谈论他们必须学习的东西。课业之外，他特别注重学生成为完整的人，关心全人类与整个地球。

第一部包括了克里希那穆提四十年内的公开演讲，与学生、老师、基金会理事对谈的题目。这些摘录传达了克氏用开放的态度探讨重大主题，不以权威姿态讲话的恳切心情。

他提醒我们，问题的答案在于洞察问题的本身。

什么叫做认真？

要探讨我们的思考以及对生活各种挑战的反应的整个过程，如果能够从何谓认真这一回事下手，也许比较有意义。

我们说认真是什么意思？我们可曾真正认真过？大部分人的思考都很浅薄。由于我们欲望很多，都互相矛盾，互相拉扯，所以总是很难维持自己的意图，贯彻到底。前一分钟，我们还对某一件事情很认真，下一分钟已经忘记，又开始追逐另外一件东西。我们可能对生活维持完整的观照吗？我觉得这个问题非常重要，因为我怀疑究竟有多少人是认真的？我们是否只对那些能给我们满足，意义却很短暂的事情认真？

因此，我觉得不应该只是碰巧听我讲话，而是我们在一起热切地弄清楚认真是什么意思。这样会比较有意思。卑贱的心努力想要认真时，由于无法深刻了解自身的过程，所以他的认真从一开始就注定很浅薄。不论精神的还是世俗的事物，你都可以把你的力气放在上面，但是，只要你的心还是卑贱、复杂、不了解自己，你那认真的行动就没有什么意义。就是因为这个道理，在我看来至少应该长久关心人是否能够对事情认真或热切，不受心的浅薄活动影响而分心。这一点非常重要，尤其在这个复杂、充满挑战的时代更是如此。

我不知道各位对这个问题是否有兴趣。由于认真的心做事情才能够贯彻到底，了解其意义，所以弄清楚为何大部分人都不认真就很重要。我们若想要做事，行动完整，就必须了解自己的心的种种状态。没有这种了解，光是认真没有什么意义。不知道我这样说清楚不清楚，各位是否了解？

我们看到这个世界整个分崩离析的过程。旧秩序在瓦解，我们从小在其中长大的宗教、信仰、道德与伦理结构都在崩溃。不论是印度、欧洲，还是哪里，我们的所谓文明都在腐败，但却只是进行着种种徒然无用的活动。你我是否能够觉察这一个分崩离析的过程，然后以个人的身份跨出这一切，很认真地，意图创造另一个完全不同的世界，不同的文化，不同的文明？各位是否觉得不要光是我来讲话，而是大家共同讨论这一点？

我们的问题是，陷在这种社会的、宗教的、道德的瓦解过程当中，如何才能够以个人的身份挣脱，并创造另一个不同的世界，另一种社会秩序，另一种观照生活之道？对各位而言，这是不是一个问题，或者光是观察这个过程，并用习惯性的态度来反应，你们便已经满足？今天晚上是否让我们一起讨论这个问题，彻底地思考，寻找答案？各位是否觉得讨论所谓的“改变”会有好处？

问：我们讨论认真。

克：我们所谓的认真是怎么一回事？认真、热切，当然意味着弄清楚事情是真是假的能力。如果我的心受到什么观点的束缚，我是否还弄得清楚事情是真是假？如果我的心受到知识的束缚，信仰的束缚，如果我的心一直受到制约，深陷其中，是否还有办法发现新事物？认真是不是表示一个人的心完全贯注在人生的问题上面？三心二意，不论多么想要认真，却是自相矛盾的心，对生活的挑战是否有办法充分地反应？无数的欲望，每一个都在把心往它自己的方向拉扯，这样的心是否有办法发现真实事物？因此，了解自己，很认真地了解自己及其种种矛盾，是不是很重要？我们是否可以讨论这一点？

问：能不能请你告诉我们，生活的问题和生活本身是不是一样的东西？

克：生活的问题和生活分得开吗？生活在我们心里激发的问题和生活分得开吗？我们就从这个问题开始思考。

问：你对原子弹和氢弹有什么看法？我们能不能讨论这一点？

克：这一点涉及战争和战争的防止，不是吗？我们是否可以讨论这一点，因而厘清我们的心，认真地、热切地追寻到底，因而完全了解这个问题的真相？

我们说和平是什么意思？和平是不是战争的相反，战争的反命题？是不是没有战争就会有和平？我们有在追求和平吗？和平是否只是两个互相矛盾的活动之间的空间？我们是否真的希望和平，希望全面的和平，而非只是某一方面，经济的、精神的和平？我们是否自己内在一直在交战，所以外在也在交战？我们如果想防止战争，显然就必须采取一些步骤。这就表示我们的心不能有界限，否则信仰就会制造对立。你信印度教，我信基督教。这一来我们显然就对立了。因此，如果你我真的希望和平，我们是否便应该取消内心的界限？要不，是否先达到某种成果，满足了以后，我们才希望维持现状，维持和平？

各位知道，我根本就认为个人没有办法阻止战争。战争是一台巨大的机器，一旦发动，动量就越积越多，也许再也停不下来，把我们每一个人都碾碎。但是，如果我们想脱离这一台机器，脱离整部战争机器，该怎么办？这就是我们的问题，不是吗？我们是否真的想阻止战争——不仅阻止外在的战争，也阻止内在的战争？无论如何，战争其实是我们内在的斗争形诸外部的巨大表现。那么，每一个人有没有可能不充满野心呢？这是因为，只要我们还充满野心，我们就残酷无情。这无可避免地会造成我们和他人，一个团体或国家和另外一个团体或国家之间的冲突。这就表示，真的，只要你我还在追求哪一方面的权力，追求为恶的权力，我们就必然会制造战争。那么，每一个人是否可能探究这野心的过程，竟争的过程，希望在权力场上成为大人物的过程，因而使这一切止息？对我而言，唯有这样，我们身为个人才有可能跨出这种制造战争的文化、文明。

我们来讨论这一点。我们身为个人是否能够去除自己身上战争的原因？战争的原因，其中一个显然就是信仰，也就是使你我分别为印度教徒、佛教徒、基督教徒、资本主义者等的信仰。这些东西，是否能够通通摆在一边？

问：生活的一切问题都是假的。但是必定有个东西是真实的，值得我们依赖。这真实的东西是什么？

克：你认为真实与虚假的东西，这么容易就分得出来吗？我是不是必须了解虚假的事物以后，真实的事物才会显现？各位是否想过何谓虚假的东西？我们的痛苦真实不真实？死亡真实不真实？银行的账户空了，真实不真实？一个人要是说“这些都是假的，我们来寻找真的”，他只是在逃避现实而已。

我们身上那些助长内外在战争的因素，是否可能令其止息？我们来讨论这一点——不只是口头上讨论，而是真正地探讨，热切地探讨，看看是否能够消除身上那些制造仇恨、对立、优越感、野心等的因素。我们有办法消除这一切吗？如果真的希望和平，就必须消除这些东西，不是吗？你要是想弄清楚何谓真实，何谓上帝，何谓真理，你的心必须很静。但是，如果你一直充满野心，好嫉妒，贪求权力、地位，怎么可能心静？如果你真的很热切、很认真、很想了解真实，是不是就应该把这一切摆在一边？我们的心制造了这些问题，所以认真、热切不就在于了解这个心的过程，然后去除它吗？

问：怎样才能解除自己所受的制约？

克：我正在说啊！什么叫做制约？制约就是从小加在你身上的传统，以及信仰、经验，个人累积的知识。这些全部都会制约我们的心。

那么，深入讨论这个问题复杂的层面之前，各位是否能够先不做印度教徒，连带抛开其所有的含意，让你的心不依照印度教义思考，而是全新地思考、反应？各位是否可以做一次全然的革命，使你的心清新、纯净，因此而有能力探究？我们的问题很简单，本来我大可谈一谈便罢。可是，如果你们只是听一听，然后同意或不以为然地走开，实在没什么意义。如果你我可以一起讨论这个问题，彻底地探讨，也许我们的谈话会有一些价值。

所以，希望和平的你我，在此谈论和平的你我，能否去除身上仇恨的原因，战争的原因？我们是否要讨论这一点？

问：个人是否无法反对原子弹、氢弹？

克：他们将在美国、俄国等地实验这两种炸弹，你我该怎么办？我们讨论这个问题要点何在？你们可以投书报刊，制造舆论，说氢弹多么可怕。可是这能够阻止政府实验、制造氢弹吗？他们能够不进行吗？除了毁灭性的目的，他们或许也会把原子能用在和平用途上。也许五年十年内，就有工厂以原子能为动力。不过，他们也会用原子能备战。他们会限制原子弹的使用，可是战争的动量始终在那里，我们该怎么办？历史事件不断在发生。我觉得住在这里的你我没有办法阻止这种运动。谁在乎这件事？可是，我们却能够做完全不同的一件事，那就是跨出目前这个一直在备战的社会机器。或许由于我们内在根本的革命，将有助于建立一个全新的文明。

究竟何谓文明？何谓印度文明或欧洲文明？文明就是集体意志的表现，不是吗？多数人的意志创造了印度目前这个文明，你我不是要能够挣脱这个文明，针对我们的问题有完全不同的思考吗？这不就是所有认真的人的责任吗？我们不就是需要有认真的人，看清这个世界有这种毁灭的过程在进行，探讨这个过程，然后让自己不再充满野心，等等，因而挣脱这个过程吗？

要不我们还能怎么样？可是你们看看，我们却不想认真。我们不当一回事，只想讨论外在的事，远方的事。

问：这个世界一定有一些人是很认真的。这些人是否解决了自己的问题或世界的问题？

克：这个问题就不认真，不是吗？这很像我肚子饿了，却说别人已经吃了一样，言不及义。我肚子饿时，应该问人家哪里有东西可以吃，而不是说别人吃了这样风马牛不相及的话。说这种话，只表示我不是真的肚子饿。是不是有一些认真的人解决了问题并不重要。重要的是你我是不是解决了问题，不是吗？我们这几个人能不能认真地讨论这个问题，热切地探索这个问题，看看我们可以怎么做——不只是理智上、言辞上，还有实际上可以怎么做？

问：我们真的有可能避开现代文明的冲击吗？

克：何谓现代文明？在印度这里，印度文化就是古老的文化加上民族主义、科学、代议政治、黩武思想等现代西方文化。我们要不就是被这个文明吸入，否则就必须挣脱，另外创造全新的文明。不幸的是，我们仅是渴望听，总是用最肤浅的态度在听。对大部分人而言，这样已经够了。可是，为什么我们总是那么难以认真下来讨论，并且去除自己身上那些引发仇恨与战争的东西？

问：我们必须思考这个迫切的问题。

克：但是这个问题一思考起来，你就会发现它的根源很深。你会发现这个问题的起因就存在于我们心里。所以，若要解决这个迫切的问题，我们是否应该探索自己内在那些更深刻的问题?

问：真正的问题只有一个，那就是人生有什么目的。

克：我们是否可以真正认真地讨论这个问题，完全地深入这个问题，好让我们弄清楚人生的目标何在？人生是怎么一回事？我们的人生要往哪里走？这才是问题。“人生的目的何在？”不是问题。如果你只是想界定人生的目标，那么，我是这样界定，你却是那样界定，然后我们就会吵起来，按照自己的癖性，说自己界定的比较好。但是这个问题，当然不是要我们这样。他想知道人生这一切挣扎、追寻、战斗，这一切分分合合、生生死死有什么目的。我们的整个存在到底要走向何处？人生的意义何在?

好，我们所谓的人生到底是什么东西？我们唯有从自我意识才会感觉到生命存在，不是吗？因为我讲话，我思考，我吃东西，不论意识或潜意识，我有种种互相矛盾的欲望、冲动、野心等等，所以我知道我活着。我唯有自觉到这一切，也就是说，我唯有感觉到自己时，才会知道自己活着。那我说感觉到自己又是什么意思呢?当然，我只在有某种冲突时，才会感觉到自己。否则我就感觉不到自己。我想，我努力，我吵架，我讨论，我说这个说那个，所以我感觉到自己。矛盾是自我意识的本质。

意识是一个全体的过程，其中有明的、动的部分，也有隐匿的部分。这个意识过程，指的是什么东西？这个过程又将走向何方?我们都知道人生的生、死、信仰、挣扎、痛苦、希望、无止境的冲突。这一切的意义在哪里？我们现在要做的，就是弄清楚这一切的真实意义。但是，要弄清楚这一切的意义，唯有我们的心有办法探索时才有可能。换句话说，也就是要我们的心并没有锚泊在任何结论上才有可能，是不是呢?

问：这是探索还是反省？

克：我们的心会自我反省是因为有所牵绊，重复老套才会老是反省。然而要能够自由地探究，自由地弄清楚真实，心当然必须不受任何结论的牵绊。

那么，你我要如何才能弄清楚全部的挣扎，连带衍生的一切事物的意义？一个人要是有这样的意图，要是真的认真、热切，那么他的心能不能对这一切先有结论呢？他是不是必须用自由的心去探索真实呢？所以，可见重要的不在问题的本身，而是弄清楚我们的心是否能够自由地探索真实，发现真实。

我们的心是否可能不预存任何结论？对制约生起的反应就是结论，不是吗？譬如“轮回”这个结论。轮回是否真有其事无关紧要。重要的是，你为什么会有这个结论？是不是因为我们的心害怕死亡？这样的心，因为恐惧、希望、渴望而相信某种结论，显然无法再发现死亡的真相。因此，我们还认真的话，还不需要等我们去问整个生命的过程有何意义，首要问题是弄清楚我们的心是否能够不预存任何结论。

问：你的意思是不是，若要认真地思考，心就必须是空的？

克：我们说自由是什么意思？自由指的是什么？你认为如果心是自由的，不为任何结论牵绊，就是真空的。是这样吗？我们现在就来弄清楚自由的心真正是怎么回事。已经有结论的心是自由的心吗？我看了商羯罗、佛陀、爱因斯坦的书——看了谁的书都没有关系——得到了某种结论或开始相信某个思想体系，这时我的心还能自由地探究吗？

问：探索的过程中，比较毫无地位吗？

克：比较什么东西？比较两种结论、两种信仰吗？我想弄清楚生命这个过程，连带其中一切挣扎、痛苦、悲惨、战争、贫穷、残酷、仇恨等一切的意义。我想弄清楚其中的真相。要做到这一点，不是要我的心有办法探究才可以吗？这样的话，如果我们的心已经有了结论，或者比较着两种结论，还能够探索吗？

问：如果只有暂时的结论，心是否还能够说是自由的？

克：不论暂时还是永久，只要是结论，就是羁绊，不是吗？拜托，请务必跟着我思考一下。譬如，我们想弄清楚是否有上帝，通常我们会怎么做？我们会找书来看，或者听某些博学之士辩论，然后就开始相信有上帝，或者变成无神论者，开始认为没有上帝。但是，如果我们真想弄清楚这个问题的真相，我们可以隶属于其中任何一边吗？我们的心不是必须去除所有的思维、知识、信仰吗？

那么，我们的心要如何才能够自由呢？依循某种方法追求自由，是否真的能够自由？有没有什么方法、修行、体系，不论有多高超、新潮，或者已经几百年的考验，能够使我们的心自由？这些方法是否只会把我们的心制约成某种状态，而我们却称这种状态为自由？用方法，方法就会产生它自己的结果，不是吗？这样，我们的心既然用方法追求结果，追求自由，这样的心还会自由吗？

听好，假设你相信某一种信仰，相信上帝，相信——随便你相信什么都可以。你相信上帝。这时你不是需要去弄清楚，自己为何会有这种信仰吗？这不是说你要不信，而是说你要弄清楚你为什么信。为什么你的心会说“我要信”？我们的心是否有办法弄清楚为何会有信仰？

你对自己身边的一切都没有安全感。于是你开始相信某一个师父，开始相信轮回，因为这样的信仰可以给你希望，给你安全感，不是吗？但是，追求安全感的心是否能够自由？各位了解吗？我们的心追求安全，追求永久。追求安全的欲望推动着这个心。这样的心是否有办法自由地发现真实？这个心要发现真实，是否必须先扬弃信仰，放弃追求安全的欲望？但是，一个给你希望，给你安全感的信仰，你要扬弃，可有什么方法？你们看，这就是我所谓的认真。

问：饱受制约的心是否有时候还是会有自由？

克：饱受制约的心是否有时候还是会有自由？饱受制约的心和自由，你觉察到的是哪一个？请认真地思考这个问题。我们的心饱受制约，这一点很清楚。我们的心已经饱受制约，变成了印度教徒、佛教徒，等等。那么，饱受制约的心可曾识得自由的滋味，或者那只是你的想象？你是否有办法觉察到自己的心饱受制约？我们的问题当然是这一个，而不是何谓自由。你是否有办法觉察到自己所受的制约？这就是说，你是否有办法觉察到自己行为举止总是有个模式？不过，我们并没有要谈怎样改变这个模式，怎样改变自己。这不是我们的问题。你的心以印度教徒或新派印度教徒的模式运作，以基督教徒或佛教徒的模式运作。你的心相信某种东西。你是否能够觉察这一点？

问：自由并不是争取来的东西，而是给予的东西。

克：这是一种假设。如果自由真是给予来的东西，那么必然只有少数人获选得到自由。这将是不可忍受的。你的意思是不是说，你我没有办法因为想清楚这个问题而获得自由？先生，你看，我说的没错，我们就是不认真。先了解自己饱受制约——这是走向自由的第一步。不过，我们是否知道制约是怎么一回事？你在额头印上红记时，你缠上圣线时，你行 puja[①]时，你追随某一个领袖时，这些行为不就是饱受制约的心的行为？你是否能够扬弃这一切，因而发现真实？就是因为这个道理，所以只有认真的人才能够看到真理；纯然只追求安全感，陷在某种结论中的人，就没有办法。我只说，只要

① 意为“火供”。

我们的心还受什么结论的羁绊，那么，不论那是暂时的还是永久的，我们的心就没有办法发现新东西。

问：科学家有很多资料。他必须放弃这些资料吗？

克：你现在是以科学家，还是人的身份讲话？纵然只是差劲的科学家，如果他真想有所发现，都一样必须把他的知识和结论放到一边；因为，这些东西都会使他的发现染到颜色。先生，要有所发现，我们必须让自己已知道的事物死去。

问：解除心的制约，是在意识层面还是潜意识层面进行，或是两者并行？

克：先生，心是什么东西？我们有意识心和潜意识心。意识心忙着日常生活中的职务——观察、思考、争议、做事等等。但我们是否有觉察到潜意识心？潜意识心贮藏着民族的本能。那是文明的残余，文化的残余，其中有的是种种欲望、冲动。那么，这样的心——也就是意识心加潜意识心——是否可能解除自身所受的制约？

但是，我们为什么要把心分为意识心和潜意识心？两者之间是否真的截然有别？我们是否只知道和意识心接触来往，根本没有想到或对潜意识心开放？意识心是否有办法探索，追究潜意识心，是不是唯有意识心静下来，潜意识心的种种欲望、冲动、暗示才会显现出来？所以，解除我们的心所受的制约，并不是意识心的过程，也不是潜意识心的过程，而是你热切想弄清楚自己的心是否饱受制约时发生的完整过程。

请你们注意这一点，好好地实验一下。重要的不在于你的心受制约或没有受制约，而是要具有全然的、热切的意图，想知道自己的心是否受到制约。照镜子的时候，你会看到自己原本的面貌。你也许会希望自己脸上的什么部分可以不一样，可是你在镜子里看到的的确是事实。同理，你是否也能够这样看你所受的制约？你是否能够不想改变你所受的制约，而完整地觉察你所受的制约？你要是有改变它的欲望，你要是谴责它，拿它和别的事情比较，就无法完整地觉察它。但是，如果你能够正视自己受到制约这个事实，不比较，不判断，你看到的就是完整的事情。只有这个时候，你才有可能解除自己的心所受的制约。

各位知道，我们的心只要一完整地觉察到自己所受的制约，这时候有的就只有心，却没有一个和心有别的“我”。但是，如果心只是部分地觉察到自己所受的制约，它就把自己分割了。这时它会不喜欢自己所受的制约，不然就反过来说那是好事。只要有谴责、判断、比较，我们的心对制约的了解就不完整，这个制约就会延宕下去。然而，如果我们的心觉察到自己所受的制约，而不谴责、不判断，纯然只是正视这个制约，那么这就是完整的知觉。这时你会发现，你既然有这样完整的知觉，你的心也跟着解除了制约。

这就是我所谓认真的意思。请各位好好实验一下，不要蜻蜓点水，要随时——吃饭的时候，讲话的时候，走路的时候——注视自己活动的心，使你的心完全觉察自己的活动。只有这个时候，我们才可能解除制约，心才有可能完全静下来。也唯有心完全静下来，我们才能发现真理。完全了解制约，才会有这样的静。没有这样的静，你追寻真理就毫无意义，就是陷阱。

一九五五年一月九日　印度　伯那瑞兹

我们有办法创造新文化吗？

我觉得，当代人面对的问题，最大的就是“创造”，就是怎样创造性地使个人解脱。如果我们能够探索这个问题——不只是口头上探索，而是非常深入地探索，那么，也许我们就能够发现“创造”这两个字丰富的意义。在我看来，这才是真正的问题，而不是要追求什么样的政治改革，信仰哪一种宗教。怎样才能够创造性地使个人解脱——不只是生命之初解脱，而且是终生解脱？换句话说就是，怎样才能够正确引导个人丰沛的能量，使他的生命充满深刻广大的意义？

我觉得我们必须在最深的地方有这样的革命——不是片面的革命，而是完整的革命、全面的革命，而且不是从外在开始，是从内在开始。要进行这样全面的革命，当然必须先了解自己思想的状况，了解整个思考的过程，也就是要先了解自己。没有了解自己为基础，我们的思索就没有什么意义。必须从一开始就了解思考的过程，了解我们的心的种种状态。那根本的革命必须发生在心的全体里面，而不是思想的哪一个部分。不过，开始探讨这个问题之前，我想我们必须先弄清楚“听”是怎么一回事。

能够直接听人讲话的人并不多。我们总是用某一种——或许是印度教，或许是伊斯兰教，或许是佛教——的观点解释或翻译别人的话。我们有很多公式、判断、意见、信仰。我们用这些东西听人家讲话，其实从来不曾真正听过别人讲话。我们用我们的成见、结论、经验听人说话。我们听了别人的话总是加以解释，这显然产生不了“了解”。要有了解，听人说话时，就不能先有固定的看法、结论。这样，不论有什么样的问题，我们才能够一起思考。如果你懂得听的艺术，你不但可以从别人的话听出真实的东西，也可以从虚假听出虚假，从虚假听出虚假里真实的东西。但是，如果你用争辩的态度听人说话，这里面显然就没了解可言。因为，争辩不是什么东西，无非只是你的意见和别人的意见抵触，你的判断和别人的判断抵触，所以实际上阻碍了你了解或发现别人话中的真实。

我们的思考显然已经受到制约，不是吗？这样的话，要没有成见，没有结论，不解释地听人说话到底有没有可能？我们给制约成印度教徒、佛教徒、基督徒，所以不论我们听到人家说什么，不论人家说的话是新是旧，我们总是隔着这一层制约的幕去理解。所以，不管是什么问题，我们永远无法用清新的心看待。就是因为这个道理，所以学习听的艺术才那么重要。这个听的艺术不只是听话的艺术，而且还包括听一切事物的艺术。个人显然必须全面地革命。不过，除非我们能够不刻意地了解真实，这种革命是不可能的。刻意，不论用在什么地方，都是一种破坏。心必须很安静，毫不刻意，才会了解真实。然而，对多数人而言，刻意却是首要之事。我们认为刻意是必要的。但就是这样刻意地听，刻意地了解，才使我们没有办法了解，没有办法当下知觉真实与虚假。

现在你已经觉察到自己所受的制约，也解除了这个制约，这样的话，你是否就能够如实地听别人说的话了？你是否能够不刻意，不做解释，也就是听别人说话时给予完全的关注？对大多数人而言，关注只是专注。专注是一种排外。只要还有排他性的思考，全面的革命就不可能。可是，我觉得个人绝对要有这样的革命，唯有这样的革命才会有创造性的解脱。

我们的心饱受现代教育的制约，饱受社会、宗教、知识的制约，饱受无数经验的制约。环境,还有我们自己对环境及种种关系的反应，把我们丢进模子里去塑造。

要请各位谨记在心的就是，你们现在不只是在听我讲话，而是在实际观察自己的思考过程。我今天说的这些，只是在描述你们心里实际发生的事情。如果我们还有觉察到自己的思考的话，我们就会看到一颗受制约的心，不论怎样努力改变，最多还是只能在制约建造的监牢里改变。这样的改变显然不是革命。我觉得必须先了解这一点——只要我们的心还受到制约，使我们成为或不成为印度教徒、穆斯林，那么不管是什么样的革命，一概照样落在这种制约的模式当中，所以根本不是革命。凡是挑战，必然都是新的挑战。然而只要心还受制约，它就会依据所受的制约对挑战起反应，所以这样的反应永远不足。

我们都知道当前的世界有很重大的危机，贫穷的问题很严重，而且时时可能爆发战争。这就是我们的挑战，而我们的问题就是怎样充分地、完全地、完整地回应这个挑战。如果我们不了解自己思考的过程，我们就无法回应这样的挑战。我们的思考显然都是受到制约的。我们总是以印度教徒、穆斯林、佛教徒、基督徒等的思考来回应挑战。这种反应根本就是不足，所以我们才会有人与人之间，团体与团体之间，种族与种族之间，国家与国家之间的冲突、斗争。我们唯有了解自己的思考过程，免除制约，也就是说，我们唯有不再以印度教徒、穆斯林等的思考来反应，才能全面地、充分地、完整地回应挑战。不以印度教徒、穆斯林等的思考反应，就是不再以从前所受的制约反应。当我们不再隶属哪一个种族或宗教，当每一个人都了解自己的背景，去除了这个背景，从而去追求真实，我们对挑战的反应就会很完整。这样的反应就是革命。

只有宗教人才有办法创造根本的革命。有信仰，相信教条，隶属于哪一个宗教的，都不是宗教人。宗教人就是了解所谓宗教这个过程，了解种种教条，了解人会借种种仪式、信仰追求安全的人。这样的人会挣脱教会，挣脱信仰、教条，追求那最高事物。这样的人才是真正革命的人，因为除此之外所有的革命都是片面的，因此不可避免地带来更多的问题。但是这样的人追寻的是真理，是上帝，所以是真正的革命，因为发现真实才是完整的反应，不是片面的反应。

这样的话，我们的心是否能够觉察所受的制约，因而使自己免于制约？我们的心所受的制约是社会、种种文化、宗教、教育加诸其上的，也是野心想要成就什么东西加诸其上的。想要成就什么东西——这本身就是社会加诸每一个人身上的模式。另外，当个人对社会起反应时，他也会替自己制造模式。

那么个人是否能够觉察到自己所受的制约，我们的心是否可能挣脱这一切羁绊，因而得以自由地发现真实？在我看来，除非我们的心能够挣脱种种制约，否则我们的一切社会问题，我们的种种关系中的冲突，我们的战争和种种灾祸注定只会一直增加，一直倍增。当今的世界正是这个样子——不但是我们个人的生活，连带个人与个人的关系，团体与团体——也就是所谓社会——的关系也是这样。

思及这样的情景，了解其中全部的意义，我们的心是否得以觉察所受的制约，并自我解脱？人唯有自由才能创造。但是，我们对事情产生的反应却不自由。我们的心对自己深陷其中的监牢产生的反应并不自由。自由并不是奴隶的相反。自由也不是一种动机。我们的心如果追寻的是真理或上帝——随便你怎么称呼都可以——当然是没有动机的。大部分人心里都有动机，因为我们的生活、我们的教育、我们所作所为的一切、我们的行动，都建立在动机之上。这个动机也许是扩张自己，也许是毁灭自己。我们的心为了追求安全、满足，为了达成个人或国家的成就，替自己平添了这一切羁绊。那么我们的心是否能够觉察这一切，解脱这一切?

我认为，我所说的这种革命，唯有心很沉静、很安静的时候才有可能。可是，心的这种安静却刻意不来——只有我们的心了解自己行动的过程，这种安静才会自然地、轻松地到来。心了解自己行动的过程就要了解思考的全部意义。所以，了解自己就是自由的开始。但是了解自己并不是退缩或逃避生活，而是要在日常生活的种种关系当中发现。我们的关系是一面镜子，我们可以从这一面镜子看到真实的自己，不会扭曲。唯有通过了解自己，看到真实的自己，没有任何由解释或判断造成的扭曲，我们的心才会静下来。可是这种静追寻不得，追索不得；追索之，制造之，就有动机。这样的静就绝对不静，因为它一直在离开某个东西，朝向某个东西，如此这般而动着。

所以，唯有了解自己才会有自由。要了解自己，就要了解思考的全部过程。目前，我们的思考完全是一种反应，完全是饱受制约的心产生的反应。不管什么样的行动，只要是建立在这种思考上面，都注定要招灾惹祸。要发现真理，发现上帝，我们的心必须了解自己。这意思是说，我们必须深入探讨“了解自己”这个问题。只有这样，我们才会有全面的革命。全面的革命就能够使我们创造性地解脱。知觉真理，知觉上帝，就是创造性地解脱。

我觉得永远都很重要的是，要问根本的问题。可是，每每我们一问重要的问题，就想要知道答案，而答案又总是千篇一律的非常肤浅，因为生活的问题实在没有是或否的答案。生命是一种运动，一直在动。所以要探讨所谓生命这个非凡的东西，连带其中数不清的各种事情，我们问的问题就必须是根本的问题，而且不论答案多令人满意，都不要满足，因为一有答案，我们的心就有结论，而结论是静态的东西，当然不是生命。生命的真相超越结论，超越答案，超越言语所能表达，所以不论你得到的答案多聪明、多合理，都不要满足，重要的是问对问题。我们的心要是问了问题，但却满足于某一种解释，某种口头的说法，就会一直很肤浅。心唯有问了根本的问题，而又能够打破沙锅问到底，才能够发现真实。

问：今天的印度越来越忽视敏感的感情及其表达。文化上，我们这个国家很弱，一直在重复老套；我们的思考很肤浅，又自以为是。我们是否有办法突破这种状况，接触创造的源头？我们有办法创造新文化吗？

克：先生，这不只是印度的问题，而且是全人类的问题。这个问题在美国，在英国，在哪里都有人问。怎样才能创造新文化，产生丰硕而爆炸性的创造力，使我们的心不一味重复老套？诗人、画家渴望的就是这种东西，所以且让我们来探究一番。

我们目前所知的文明，我们目前所知的文化，到底是什么东西？那是集体意志的表现，不是吗？我们所知道的文化，乃是众人的欲望经由宗教、传统道德法规、各种“认可”统一之后，表现出来的东西。我们生活于其中的文明是集体意志的表现，是众多的欲望集合而成的表现。因此，我们的文化，我们的文明也是欲求的文化，欲求的文明。这一点很清楚。

这种欲求的社会是我们的集体意志造成的结果。这样的社会，我们可以做很多的改革，有时候也的确进行了血腥革命，可是永远都局限在固定模式里，因为不论我们遭遇的是什么样的挑战，那挑战永远都是新的挑战，可是我们的反应永远受到自身文化的羁绊。印度文化的确老旧、传统，印度文化由无数的迷信、信仰、教条、老生常谈、崇拜手造或心造的偶像等构成。这就是我们的文化，也就是我们的社会。这个社会分成各种阶级，可是都建立在欲求上面。要是我们对这个世界已经无所求，我们就有求于别的世界，有求于上帝，如此这般。所以不论世俗层面还是精神层面，我们的文化根本都建立在欲求之上。偶尔有人能够挣脱所有的欲求，掌握创造力，我们立刻把他当偶像崇拜，使他变成我们的精神领袖或导师，因而使得我们自己窒息。

只要还隶属于集体文化、集体文明，我们就不会有创造力。一个人若是了解这种集体文化形成的过程，连带其中的一切信仰、“认可”，不再积极或消极地有所欲求——那么只有这种人才会了解创造的意义；而不是弃绝人间，追寻上帝的Sannyasi[①]。其实追寻上帝正是Sannyasi欲求的东西。了解集体文化的全部意义，了解真正的宗教，因而能够挣脱集体文化——这样的人才是创造的个体，这样的行动才能够创造新文化。当然，新文化永远都是这样产生的，不是吗？

实践所谓的宗教，恪守教条与信仰，行仪式或追求宗教知识并不是真正的宗教人，因为他追求的其实只是一种满足而已。真正有宗教情操的人是完全不受社会影响的。他对社会没有责任。他会和社会建立某种关系，可是社会却和他没有关系。教会、经济与社会结构、我们成长的整个环境，就是社会。那么，是社会帮助人找到上帝、真理——随便你怎么称呼都不要紧——还是追寻上帝的个人创造了新社会？这就是说，个人是不是应当挣脱当前的社会、文化或文明？确实，他将在这种挣脱当中发现真理。创造新社会、新文化，

① 印度教的遁世修行者、托钵僧。

就是从这种挣脱中发现真理。

我觉得这个问题很重要，必须好好地思索。人若归属于社会——什么样的社会都没有关系——是否还可能找到真理、找到上帝？社会是否能够帮助个人做这样的发现？个人，也就是你我，是否必须挣脱社会？确实，正是在这个挣脱社会的过程当中，我们才了解了真理，然后这个真理创造出一阵涟漪，这涟漪就是新的社会、新的文化。那些Sannyasi、那些僧侣、那些隐士，弃绝世俗，弃绝社会，可是他们的整个思考模式却依然受到社会的制约，他们依然是基督徒，依然是印度教徒，依然在追求基督教的理想、印度教的理想。他的冥思，他的牺牲，他的修行，全部从根本上受到制约。所以他所发现的所谓真理，所谓上帝，所谓绝对，其实只是一些受制约的反应而已。所以社会根本无法帮助人找到真理。社会的机能会羁绊个人，用“受人尊重”这种义理来拘束他。但是人唯有了解这个过程，唯有其行动并非一种反应，才能找到真理。创造新文化的就是这个真理，而不是追寻真理的人。

我觉得这一点非常简单，清楚；听起来很复杂，其实不然。真理会自己创造行动。但是，追寻真理与行动的人，不论如何的高贵，如何的有价值，都只会制造更多的混乱与痛苦。他就像那些改革家一样，只关心怎样装饰“监牢”的墙壁，哪里要装电灯，哪里要增建厕所。然而，如果你了解我们的心怎样地受社会的制约，如果你不依据自以为是的真理采取行动，而是让真理自己行动，你就会发现真理的行动会创造自己的文化、自己的文明，创造一个并非建立在欲求、悲伤、斗争、信仰的新世界。创造新社会的是真理，而不是基督徒、印度教徒、佛教徒、穆斯林教徒。不论是怎样的挑战，凡是根据自己所受的制约去回应，都只是在扩建监牢，装饰其栅栏而已。我们的心唯有了解并且解除自己制造的制约，或社会加诸其上的制约，才会知觉到真理，然后这个真理自身的行动，会创造新的社会、新的文化。

就是因为这个道理，印度这样的国家就不应该把肤浅的西方文化放在自己身上，也不要因为自己的混乱而回归旧传统，回归 Puranas[①]，回归 Vedas[②]。只有混乱的心才会回归已经死去的东西，因此了解为什么会混乱就很重要。混乱，显然是因为心不了解，显然是因为对新事物、对事实反应不完整、不全面的缘故。

就以战争这个事实来说好了。如果你是相信 ahimsa[③]的印度人，你对战争的反应将是“我要服膺非暴力原则”。如果你是民族主义者，你就会用民族主义的观点回应战争。但如果你是看清战争真相的人，如果你了解战争就是毁灭，然后让这个真相自己行动，你就不会用任何社会的观点，任何理论或改革运动的观点去回应这个事实。真理不是你的也不是我的。但只要我的心还会解释或翻译真理，我们就会制造混乱。这就是那些改革家所做的事，就是那些圣人想对某种社会秩序进行改革时所做的事。这是因为他们会改造真理以进行特定改革的缘故。因为这样，所以他们制造了更多的祸害，因此又需要更多的改革。

要知觉真理，就要挣脱社会的影响。这意思就是要完全不再欲求，充满野心、嫉妒，完全不再有变成什么的过程；因为无论如何，我们的文化就是建立在“成为人物”之上，建立在阶级原理——我懂你不懂，我有你没有——之上。没有的人永远在努力想要有，不懂的人永远在努力想要懂。可是若有人不属于这两者，他的心就会很静，

① 印度教的“往世书”。

② 吠陀诗歌。

③ 意为“不害”，是印度耆那教的基本伦理，也是近代印度教、佛教的基本伦理。

完全地静。只有这样的心才能够知觉真理，让真理自行行动。这样的心不会依据制约之下的反应采取行动。这样的心不会说“我必须改革社会”。真正的宗教人关心的不是社会改革，不是改善陈旧的、腐败的社会；因为创造新秩序的是真理，不是改革。我觉得，只要我们能够看清这一点，就会发生真正的革命。

问题在于，我们总是无法直接地、简单地看事情，听事情，知觉事情。但无论如何，总要纯真的心——纵然已经活了千百年，有了极多的经验，却依然纯真的心——才会有创造力；狡猾的心，充满知识与技巧的心不会有。不论什么事实，只要我们的心看到事实的真相，让这个真相自己行动，它自然会创造自己的方法。革命发生在社会之外，不在社会之内。

问：当今每一个人面临的问题，都是心理上的痛苦。这种痛苦腐蚀了我们的思考与感情。你所说的话，除非能够提出答案，教导大家解除痛苦，否则就没有什么意义。

克：先生，何谓教导？教导是否只是沟通，只是文字？你为什么需要人教导？有人能够教你解除痛苦吗？如果真的有人教你怎样解除痛苦，你的痛苦真的就止息了吗？你也许真的能够学会解除——生理的或心理的——痛苦，但是解除了一种痛苦，这个过程当中必然会产生新的痛苦。

所以，各位，我们的问题到底在哪里？我们的问题当然不在怎样解除痛苦。我可以告诉各位说不要贪婪，不要有野心，不要有信仰，要使我们的心免于追求安全的欲望，要活在全然的不确定当中，等等，可是这些都是讲讲而已。我们的问题在于直接体验所谓全然不确定的状态，在于直接体验完全没有安全感的状态。但是这种体验只有在你了解自己整个思考的过程，能够用全部的生命聆听，完全地关注而不抗拒时才有可能。要解除悲伤、痛苦，你要不就是了解自己的心的种种状态，了解自己的欲望、意志、选择，要不就是用全部的生命聆听以发现真理。我们要发现的真理就是，只要我们心里还有从一点移向另一点的运动，也就是说，只要我们的心还在追求任何一种安全，就永远解除不了痛苦。追求安全就是追求依赖。心有所依赖，就没有爱。不要去做什么检查的过程，观察的过程，觉察的过程，只要聆听事实，让事实的真相运作，你就会看到你的心解除了痛苦。但是我们却两者皆不为。我们不看，不观察以发现真理，也没有用全部的生命不翻译、不扭曲、不解释地聆听事实。换句话说，我们既不致力于了解自己——因而解除自己的痛苦——也不像照镜子一样，纯然地、毫不扭曲地观察事实。我们只想知道解除痛苦的方法，只想有个现成的公式可以解除痛苦。这表示我们实在懒惰。真的！我们缺乏那非凡的力量。但是，我们唯有了解自己，不是依照商羯罗、佛陀、基督的话了解自己，而是从我们与他人、观念、事物的关系实际地了解自己，痛苦才会止息。

一九五五年二月十六日　孟买

你有办法了解空虚这个事实吗？

问：在所有明显的恐惧之外，有一种极深的痛苦，可是我却搞不懂。那似乎是生的恐惧——也许是死的恐惧。但或许那是生命巨大的空虚？

克：我想大部分人都有这种感觉。大部分人都有一种极度空虚的感觉，极度孤单的感觉。我们一直在逃避这种感觉，规避这种感觉。我们努力寻求安全、永久，努力逃避这种痛苦。

如若不然，我们就分析我们的梦，我们对事情的反应，希望借此解除痛苦。可是那痛苦却永远在那里，难以理解，难以解决，也无法粗浅地解决。大部分人都觉察到这种空虚，这种孤单，这种痛苦。由于害怕这些东西，所以我们开始在事物、财产上面，在他人或关系上面，在观念、信仰、教条、名分、地位、权力上面追求安全，追求永久的感觉。但是这种空虚光是逃避自己就可以解除吗？我们这样逃避自己，不就是我们的关系当中那些混乱、痛苦、悲惨的起因，因此也就是这个世界那些混乱、痛苦、悲惨的起因吗？

所以，这个问题实在不能随便斥之为愚蠢、布尔乔亚，或者只有在社会和宗教上不积极的人才会问的问题。我们必须用心地检查这个问题，完整地探讨这个问题。我刚刚说，大部分人都觉察到这种空虚，却一直在逃避。逃避的过程中，我们建立了某种安全，然后这种安全在我们便变成最重要的东西，因为这种安全是我们逃避自身孤单、空虚、痛苦的手段。你逃避的手段也许是拜在某个大师门下，也许是自认为重要人物，也许是把自己的爱、财富、宝石，一切的一切奉献给妻子、家人，也许是参加社交或慈善活动。在我们，凡是逃避内在空虚的手段都变成最重要的东西，所以我们也抓得很紧，非常急切。有宗教倾向的人便紧抓住自己对上帝的信仰，然后这种信仰又反过来掩盖掉他们的空虚，他们的痛苦。这种信仰，这种教条于是在他们变成了不可或缺——为了保有这些东西，如果有必要，他们不惜一战，互相毁灭。

因此，显然不论怎样逃避痛苦、孤单，都无法解决问题，而且还反过来增加问题，制造更多的混乱。所以，我们就必须了解我们的种种逃避手段。但凡是逃避的手段，都是一丘之貉，无高低优劣之分，无世俗的逃避法、精神的逃避法之分。凡是逃避，基本上都很类似。但如果我们能够认识到我们的心一直在逃避痛苦、空虚这些重大的问题，必然就能够正视空虚，不责怪或害怕。只要逃避事实，我就害怕事实。恐惧事实，我就和事实没有交流。因此，要了解空虚这个事实，首先必须没有恐惧。恐惧的产生，完全是因为我想逃避，完全是因为我一逃避，就无法直接正视事实。然而只要我不再逃避，从那一刻起，我就开始与事实同在。我可以正视事实而没有恐惧，我便得以开始处理事实。

所以，第一步——就是面对事实，意思就是不要借财富、娱乐、信仰、主张等东西逃避事实，不要借任何东西逃避事实，因为空虚不是言辞、活动、信仰填得满的。随便我们怎么做，那种痛苦都不是我们的心要什么伎俩可以扫除的。我们的心不管怎么做，永远只是一种逃避。但是，如果我们不做任何一种逃避，事实就会明显摆在那里，但要了解事实也不是依靠我们的心发明什么，投射什么，谋划什么才可以。我们一旦和孤单这个事实，和那极大的痛苦，还有那生存的巨大的空虚正面相对，就会看到那个巨大的空虚到底是真有其事，还是只是称呼、指称，或保护自己造成的结果。因为一称呼它，给它名称，我们便谴责了它，不是吗？我们说那是空虚，那是孤单，那是死亡，“空虚”、“孤单”、“死亡”，所有这些字眼都蕴含着一种谴责，一种抗拒。然后，由于谴责、由于抗拒，我们便无从了解事实。

要了解我们称之为空虚的这个事实，一定不能给这个事实称呼、谴责；因为无论如何，事实的认知都会制造出一个中心。这个中心就是“我”。然而这个“我”却是空的，徒有名目而已。我若不给事实名称，不称呼它，我若不认知它是这个东西、那个东西，还会有孤单之情吗？无论如何，孤单是一种孤立的过程，不是吗？我们在我们所有的关系，在我们人生的种种努力之中，全都在孤立自己。显然，这个孤立自己的过程造成了空虚。因而，若不了解这个孤立的过程，我们便无法解除空虚、解除孤单。但如果了解这个孤立的过程，我们就会明白这个空虚其实只是名目，纯然只是一种认知而已。要是没有认知，不给称呼，从那一刻开始，也就不再有恐惧，空虚开始变成别的东西，超越自己。这个东西不再是空虚，而是独自一人——这比那孤立的过程广大太多了。

所以我们不是应该保持独自一人吗？目前我们并不是独自一人，我们只是集各种事物之影响而成的一捆东西，是社会、宗教、经济、阶级、气候等各种事物影响产生的结果。我们透过这些事物，企图寻得某种超越的东西。寻找不得，我们就发明，然后死抓住自己发明的东西不放。但是，如果能够了解我们的意识里每一个地方进行的“影响”的过程，然后因为了解而解除这种影响，我们将回归独自一人，不受任何事物的影响，换句话说就是，我们的脑、我们的心将不再受外在事件和内在经验的塑造。只有这样的独自一人，我们才有可能找到真实。因为恐惧而孤立自己的心,有的只是痛苦而已。这样的心永远无法超越自己。

对大部分人而言，问题都在于对自己的逃避不知不觉。我们实在已经饱受制约,太习惯于逃避,因此已经把它们都当做真实的东西。但是，如果我们能够深入地检视自己，就会看到，在我们的种种逃避手段的遮蔽之下，我们是多么的孤单、多么的空虚。我们觉察到自己的空虚，所以不断地用各种活动——艺术、社会、宗教、政治等——来掩饰。不过，空虚却永远掩饰不了，只能了解。要了解，我们就必须觉察自己的种种逃避手段。我们了解自己的种种逃避手段，才有办法面对自己的空虚。这时候，你就会看到这个空虚就是我们自己，我们观察的东西就是我们自己。在这样的体验之下，在思考者与思想这样统一之下，孤单、痛苦将全部消失。

一九五〇年五月七日　巴黎

我们的基本问题在哪里？

我觉得，大部分人总是太轻易就满足于事物的解释。我们似乎无法超越纯粹的文字，直接体验事物本身。我们好像唱片一样，跟着一个承诺某种结果的权威，一直重复老套。

但是对我而言，宗教却是完全不同的东西。宗教不是崇拜文字，不是符号的投射，也不是符号的经验。宗教是体验我们的心所能测知之处之外的那个状态。但是要体验这个状态，要体验它的广大，我们必须先了解自己思考的过程。大部分人对于生命的存在的种种印象、压力，总是没什么感觉。我们太容易满足。有的人甚至连正视自己身上的问题、心里的问题都不敢。

因此，我觉得，应该好好检视我们的问题——不是理论，不是抽象，而是实际地检视我们的问题，看看真正的问题在哪里。这样的检视将会很有价值。我们并不是要去解决战争的问题，不是要去阻止目前正在进行的屠杀，可是这些问题的庞大的确很容易使我们偏离，况且我们又缺乏清晰的思考。我们必须从自己身上，而不是从别人或别的东西开始思考，才会有清晰的思考。这个世界的问题就是我们的问题，因为我们就是世界，世界就是我们。我们的想法会影响这个世界，我们的所作所为会影响社会。个人的问题和世界的问题有直接的关系。可是我觉得，我们并不重视个人思想与行动的力量。但我相信，从历史上，你会发现所有的伟大运动都是个人创造的。

由于个人的问题和世界的问题有直接的关系，所以首先且最要紧的是检视个人的问题，然后带着新的眼光，怀着新的力量和巨大的活力挣脱问题。

那么，我们基本的问题在哪里呢？身为学生、企业家、政治家、工程师，或者所谓的追寻真理的人——随便什么都可以——我们根本的问题在哪里？

首先，在我看来，这个世界正在快速地变迁。西方文明，包括它的机械化、工业化、科学的发现、暴政、代议政治、资本投资等等，都在我们心里留下了巨大的印记。几百年来我们创造的社会，我们是其中的一部分，而这个社会则说我们必须活得正当、有道德，行为必须符合某种思想模式，这个模式则向我们承诺最后将获得实相、上帝、真理。

所以我们身上就有了矛盾，不是吗？一方面，我们活在贪婪、嫉妒、性纵欲、种种感情压力、机械化、一体化的世界，政府对我们的种种需求又控制得很有效；另一方面我们又在寻找超乎纯粹生理满足的东西。除了活在这个世界，我们又极想找到实相，找到上帝。我们想把那个实相带到这个世界来。我们说活在这个世界就要赚钱，社会会使我们充满欲求、嫉妒、竞争、野心。可是，另一方面，我们又想把另外一件事带到这个世界。我们的种种生理需求似乎都能够得到满足，政府创造的外在环境也非常安全。然而，我们的内心却非常饥渴。所以，我们需要所谓宗教的那种状态，需要这种实相为我们带来新的力量、新的活力，以便采取行动。

确实，我有这样的问题，你们有这样的问题。活在这个世界，意味着竞争、欲求、野心、贪婪地追求满足。那么我们怎样才能够活在这个世界，但又带来某种超越这个世界的事物的芬芳？这样的事情可能吗？我们可能活在这个世界，但又拥有另一个世界吗？这个世界如今越来越机械化，国家对个人思想与行为的控制越来越有效率，个人接受的教育越来越集中在固定模式上面，以便日后按照日常程序做事。人的生活每一个方面都是不得不如此。活在这样的世界，我们是否可能创造一种既非内在，又非外在，有自己的运动，又需要我们的心敏锐得惊人，有强烈的感受和探索能力的东西？可能吗？除非我们是神经病，除非我们心智不正常，否则这当然是我们的问题。

不论是谁，只要还有智力，就看得出来去寺庙参拜，做 puja 等一切假宗教之名进行的事情都是胡说八道，都不是宗教。那只是一种社会上的方便，一种我们被教导说是必须遵循的模式。人接受教育就是为了符合某个模式，而不要怀疑，不要探索。因此我们的问题就是，活在这个嫉妒、贪婪、一致，大家只追求个人野心的世界，怎样才能体验那超越我们的心之外的东西？这个超越我们的心的东西，你称之为上帝，称之为真理，称之为什么都可以。我讲的上帝不是教堂里的上帝，不是书本上的上帝，不是上师口中的上帝，而是非常强而有力，非常广大，难以思量的东西。

所以，活在这个世界，有这些问题，我要怎样才能掌握另一个世界？可能吗？显然不可能。我不可能一方面爱嫉妒，一方面又找到上帝或真理。两者根本互相矛盾，互不兼容。可是大部分人都在做这种事。我们爱嫉妒，以前的动量依旧推着我们，另一方面我们又梦想弄清楚是否有上帝，有真理、美、爱，是否有一种没有时间的状态。你要是观察自己的思考，要是对自己的心的运作还有觉察，就会发现自己根本想要脚踏两条船，一只脚在这个世界，一只脚在另外一个不管是什么的世界。然而两者却是互不兼容的，不可能合在一起。那么我们该怎么办?

各位了解吗? 我知道我无法把实相和不是实相的东西混在一起。时时受到嫉妒之情刺激的心，活在野心、贪婪之内的心如何能够了解一种完全静止的东西，一种在那静止中有它自己运动的东西? 身为一个有智力的人，我知道这种事是不可能的。另外，我也知道我的问题不在寻找上帝，因为我根本不知道寻找上帝是什么意思。我读过无数这一方面的书。可是这些书都只是文字、理论、解释，对于未曾体验那超越于心的事物的人而言，毫无实相可言。那居间解释的人，自己往往就是叛徒。所以谁在居间解释也没有什么关系。

因此，由于我的心并没有办法发现真理、上帝，所以我的问题并不在于发现真理、上帝。愚蠢的心、卑劣的心如何可能发现那无可思量的东西? 这样的心可以谈论那无可思量的东西，可以著书立说，可以创造代表真理的符号，崇拜这个符号——不过这一切皆属于文字。由于我有智力，也觉察到这个事实，于是我说“我必须从真实的我开始，而不是从应该如何的我开始。真实的我很爱嫉妒——这是我知道的”。

那么，既然活在这个社会，我是否可能不嫉妒? 说可能或不可能都是假设，所以都没有什么意义。要弄清楚是否可能，需要热烈地探索。你们大部分人都会说，活在这个世界要没有嫉妒、贪婪是不可能的。我们的社会结构，我们的道德典章全部建立在嫉妒之上。所以你认为那是不可能的，而且是绝对的不可能。然而，如果有一个人说“我不知道是否真有其事，不过我却想弄清楚。要想弄清楚，我的心显然必须没有嫉妒之情——不是片面的没有，而是全部没有——因为嫉妒是一种骚动”，如果有一个人这么说，那么就唯有这个人才有办法做真正的探索。我们现在就来讨论这一点。

所以我的问题并不在于探索某个实相，而是弄清楚活在这个世界是否可能不嫉妒。其实嫉妒不只是嫉妒而已。嫉妒也不只是别人有什么东西，我们没有，而感到在意而已。嫉妒是一种我们的心一直想要更多东西的状态——权力更大，地位更高，钱更多，经验更丰富，知识更丰富。这种不断要求“更多”的活动是以自我为中心的心的活动。

我活在这个世界是否能够免于自我中心的活动？我是否能够不拿自己和别人比较？我很丑，我希望自己很美。我很残暴，我希望自己不残暴。想要不一样，想要“更多”是嫉妒的开始——虽然这样说，并不是要我们盲目地接受自己。不过，这种希望与人不同的欲望，总是和什么比较大、比较美，比较这样、比较那样的东西有关。我们接受的教育，也总是要我们如此这般比较。我们每天都渴求与人竞争，渴求超越别人。我们对自己这么爱嫉妒丝毫不以为意——自觉上不以为意，也不知不觉地不以为意。

你认为自己在这个世界应当成为重要人物，成为伟人或富人。如果你真的如愿，你就说那是因为你以前做过善事的关系——你指的是所谓“业力”这种胡说八道的东西。除了外在，你也想在内在成为重要人物，你想成圣，想做个有道德的人。但是，如果观察这种变成什么的运动，观察这种内在与外在追求“更多”的运动，你将发现这种运动根本就是建立在嫉妒之上。你的心陷在这种嫉妒的动态当中。用这样的心，你可能发现真实吗？是不是不可能呢？要发现真实，你的心当然必须完全免除嫉妒，不论表面或潜意识隐匿之处都不能还在要求“更多”。只要你曾经观察过，你就知道你的心总是在追求“更多”。你昨天有某种经验，今天还想要。因为残暴，所以你想不残暴，等等。人的心如果只在意自己，就会有这一切活动。

我们的心是否可能免于这一个过程呢？我探索的是这个问题，

不是有没有上帝。对爱嫉妒的心而言，追寻上帝不过是浪费时间，除了当做理论上、知识上的一种娱乐，毫无意义。我若是真的想追寻上帝，首先就要从自己开始。换句话说，我的心就必须完全免于嫉妒。我要向各位保证这是一项艰巨的任务，绝对不是文字游戏而已。

可是各位看，大部分人都不在意这件事。我们不说“我要让我的心免于嫉妒”，却只在意外界，在意欧洲发生了什么事，在意工业的机械化，在意任何可以使我们规避重点的事物。这个重点就是，除非我身为个人做了根本的改变，否则我便无助于创造不一样的世界。了解每个人都必须从自己开始，即是了解一个重大的真理。可是大部分人总是忽视。我们太轻易就把它丢在一边，因为我们只在意集体，在意改变社会秩序，在意创造世界的和平与和谐。

除了“成功”，很少有人会关心自己。我讲的关心不是一般的关心，而是关心自我的转变。但是，首先，大部分人并不了解改变的重要，改变的真理。第二，我们也不晓得怎样改变，怎样创造自己内在的转变。改变若是平庸的改变，只是从一个模式改变到另一个模式而已，根本不是改变。

这种爆炸性的转变，是人集结自己所有的力量解决嫉妒这个根本的问题时产生的结果。这个问题牵涉极广，不过在此先把它当做主要的问题来看待。我是否能够不只说“我不可嫉妒”，却拥有能力、热情、智力、敏锐去追究心的种种状态？我们说这句话说了几百年，实在毫无意义。除了这句话，我们还说“我应该追求不嫉妒这种理想”。这句话同样荒唐，因为我们根本就是一边投射这种理想，一边还是在嫉妒。

请各位务必用心观察这个过程。一个是你爱嫉妒的事实，另外一个则是“不嫉妒”的理想状态。两者之间有一道鸿沟在等待时间填满。你说“我终将不再嫉妒”——不过，这却是不可能的，因为不再嫉妒如果不在当下，就永远不可能。你不能够定下未来某时，说那时我就不再嫉妒。

所以，我是否有能力探索嫉妒这个问题，然后免除嫉妒之情？那种能力如何产生？是用方法，用修行产生吗？我是日复一日练习某种技巧才成为艺术家的吗？显然不是。想要有那种能力，这种欲望根本是我们的心自私的运动。然而，如果我不刻意培养，只是纯然地探索整个嫉妒的过程，这里面自然就有彻底解决嫉妒的方法。

那么我要用什么样的态度来探索呢？这个探索后面的动机是什么呢？我想去除嫉妒，是因为想要伟大，想要师法佛陀、基督吗？如果我是带着这样的意图、这样的动机来探索，这样的探索就会投射它自己的答案，这种答案只会使我们的野蛮世界继续野蛮而已。然而，如果我很谦卑地探索，也就是说，如果我不怀着成功的欲望来探索，那么这个探索的过程就会完全不同。我知道我还没有能力去除嫉妒，于是我说"我来弄清楚"。这表示我从一开始就很谦卑。人一谦卑，自然就有能力去除嫉妒之情。然而你要是说"我应该有那种能力，我要用这些方法，这种体系来获得这种能力"，这样的人就迷失了。这个世界之丑陋，之难以信赖，就是这种人使然。

真正谦卑的心具有广大的探索能力。背负着知识重担的心，因为经验而残废的心，饱受制约的心绝对无法真正地探索。谦卑的心说"我不懂，所以我要弄清楚"——这意味这个弄清楚的过程并不是累积的过程。要不累积，你就必须每天死去一次。然后你就会发现，因为你是根本的、深深的谦卑，所以自然也有探索的能力。探索的能力并不是得来的东西。谦卑修行不来。但是，如果有谦卑，你的心将由于谦卑而具有探索嫉妒的能力。这样的心将因之不再嫉妒。

心说"我不懂"，心不再想成为什么，就完全不再嫉妒。这时你就会发现"正当"有了完全不同的意义。正当不是"可敬"，不是顺从，和社会道德完全没有关系。社会道德只是一种方便，一种几千年来以强制、压力、恐惧等迫使大家遵循的生活态度。以我所说的那种意义而言，真正谦卑的心会创造自己的正当性。这种正当不是某个模式下的正当。这种正当是因为谦卑地活着，因为时时刻刻与真实面对而产生的。

所以，各位的问题不在于这个到处都是报刊杂志、观念、政客的世界，而是内在的世界——但是你们必须明了这个真理，感受这个真理，而不是因为薄伽梵歌，还是哪一位留胡子的老师这么说你们就同意。如果各位每一天，时时刻刻都觉察到这个内在的世界，注意这个世界，而不谴责、不辩护，你们将在这种觉察当中发现巨大的生命力。一味累积的心很怕死。这样的心永远发现不了真理。然而，一颗心若是每分钟都对着体验过的事情死去，这样的心将具有惊人的生命力，因为，他的每一刻都是新的。只有如此，心才有发现真理的能力。

认真是好的。我们的一生很少认真过。我这里说的认真不是指听从认真的人的话，也不是对什么事情很认真，而是内在有一种认真的感觉。我们都知道轻浮、随便是怎么一回事，但是很少有人知道“没有什么对象使我们认真,但我们自己极为认真”是什么感觉——这种状态之下，我们的心将以认真的意图处理每一种状况，不管这种状况是轻浮，是快乐，是兴奋都一样。我们这样相处一个小时，认真地探索是好的，因为大部分人的生活非常肤浅，充斥工作、性、崇拜这些例行公事的关系。我们的心常常只是浮在表面，穿越表面似乎很难。我们需要的正是这种爆发状态。就宗教的意义而言，这才是真正的革命，因为，心唯有爆发开来，才有能力发现或创造原本的东西，全新的东西。

一九五七年二月十日　孟买

你怎样处理生活的问题?

我觉得，如果能够探讨一下我们的心腐败得有多快，使我们的心迟钝、麻木的又是什么因素，这样的探讨将是很有价值的。我认为探讨心为何而腐败很有意义，因为，从这样的了解，或许可以知道真正单纯的生活是怎么一回事。

我们发现随着年纪的增长，我们的心——我们用以了解事物的工具，我们用以探讨问题，用以探索、质问、发现的工具——如果误用的话，就会腐败、溃散。在我看来，这种腐败，原因之一就是我们的心选择的过程。

我们的一生全部建立在选择之上。我们在自身生存的每一个地方都在选择。我们选择蓝或白。我们选择这朵花或那朵花。我们选择各种心理冲动、好恶、观念、信仰。我们接受一种东西，放弃另一种东西。我们的心整个结构都建立在选择之上，建立在这个不断选择、分辨、接受、放弃、排斥的作用之上。这个过程有的是永远挣扎、用力。这个过程，没有直接的了解，有的只是长久累积的过程，分别这个、分别那个的能力。这种分别这个、分别那个的能力，完全建立在知识的累积上，因此才有不断经由选择而作用的过程。

可是，选择不就是野心吗？我们的生活都是野心。我们想当重要人物，我们要别人对我们有好感，我们想有好的成就。我如果不聪明，我就想要聪明。如果我残暴，我就希望自己不要残暴。这种“要”怎样或“不要”怎样的过程就是野心。不管我是想成为最重要的政客，还是最完美的圣人，这个“要”如何如何的野心、驱策、冲动，就是选择的过程，就是野心的过程。这个过程根本就建立在选择上面。

所以，我们的生活便是一连串的挣扎，便是从一个意识形态、概念、公式、欲望变换到另一个意识形态、概念、公式、欲望的运动。我们的心就在这个变成什么的过程中，在这个挣扎的过程中，腐败了。这种腐败的本质，就在于选择。我们认为选择是必要的。但野心便是从选择而生。

那么，我们是否能够找到一种不建立在野心上面，不做选择，只开花而不追求结果的生活方式？我们所知的生活，完全是一连串的挣扎，而以结果为其终结。然而，这些结果，我们为了追求更可观的结果，随即弃之不顾。我们知道的生活就是这么一回事。

有人孤单地住在洞穴里，努力使自己完美。这个过程当中就有选择。这样的选择就是野心。一个人很残暴，希望自己不要再残暴，这个不要再残暴就是野心。我们现在不是要分辨野心对或错，不是要分辨野心是否为生命基本的东西，而是要弄清楚野心是否有助于我们过单纯的生活。我这里说的单纯不是衣着朴素的单纯。衣着朴素并不等于生活单纯。身缠腰布也不表示一个人单纯。身缠腰布代表的可能正好相反——他弃绝外在事物，其实正是内在有野心，因为他紧抓着自己制造的、投射的理想。所以，如果要观察我们思考的种种状态，不是应该探讨“野心”这个问题吗？我们说野心是什么意思？我们可以活着而没有野心吗？我们知道野心会助长竞争——不论是在学校，在小朋友之间，在大政客之间，在哪里都一样。这种野心在工业上产生了一些利益。可是随之而来的，却是心灵的黑暗，科技的制约。于是我们的心失去了单纯，失去了柔软度，再也无法直接体验事物。因此，我们——各位和我，不是作为团体，而是作为个人——难道不应该弄清楚野心的意义何在，弄清楚我们是否觉察到生活当中的野心吗？

我们服事于国家，做一些高贵的事情，这里面不就有野心这个基本要素吗？不就有选择吗？而选择，由于会阻碍生命花朵的盛开，不就是一股败坏的因素吗？生命花朵盛开的人，是真正在做自己，不是要变成什么人。

盛开的心和有所变的心是不一样的，不是吗？有所变的心永远在变、在成长、在扩张、在搜集经验以为知识。我们太了解日常生活中的这种过程，包括它的结果、冲突、痛苦、斗争。但是我们却不了解花朵盛开的生命。我们难道不应该弄清楚——不是要分别，不是要划清界线，而是要发现——生命当中这两者的差别吗？如果能弄清楚，或许我们便能够把野心、把选择置之一旁，发现盛开的生命——这才是生命之道，才是真正的行动。

因此，如果我们光是说我们不可以有野心，却不曾找到生命盛开之道，那么，摧毁野心也就摧毁了我们的心，因为这时这个行动就是意志的行动，因此也是选择的行动。所以，每个人难道不应该弄清楚野心的真相吗？这不是最基本的吗？大家总是鼓励我们要有野心。我们的社会建立在追求结果的种种力量之上。这种野心造成了一些不平等。法律想要拉平、想要改变这些不平等。不过，这种方式、这种对待生活的方法根本就错误了。错误的方法之外，也许还有别的方法，那就是让生命盛开，让生命展现出来却不累积。无论如何，我们有所追求的时候，想成为什么的时候，自己一定知道那就是野心，就是追求结果。

不过，有一种能量、一种力量却是“不可抗拒”但没有累积的过程，没有“我”，没有自己，没有自我为其背景。那就是创造。不了解这一点，不实际体验这一点，我们的生命将一变而为呆滞，一变而为无止境的冲突，其中毫无创造、毫无幸福可言。或许我们可以不用扬弃野心，而是用了解野心的种种状态，用开放、用理解、用聆听野心的真相，来看见那种创造力，看到其中有一种连绵不绝的展现——不是自我满足的展现，而是不受“我”羁绊的能量的展现。

问：大部分人最痛苦的时候，都是依靠希望活着。没有希望的生活似乎太可怕，太宿命了。然而，希望往往只是假象而已。你是否能够告诉我们，为什么生命不能没有希望？

克：我们的心，本质不就在制造假象吗？思考的过程不就是记忆的结果，思想形诸语言的结果吗？思想形诸语言，制造出观念、符号、形象，然后我们的心便紧抓住这些东西不放。

我很绝望，我很悲伤，但不得解。我不懂怎样才能解除这些东西。如果我懂，我就不需要希望。只有我不懂怎样解决问题，我才会依赖迷思，依赖希望。如果你观察自己的心，你就会发现，当你不舒服、痛苦、置身冲突当中时，你的心就会想办法脱离。这个脱离问题的过程就会制造希望。

想脱离问题的心会制造恐惧。这个脱离的运动，逃离的运动，本身就是恐惧。我做错了一件事，我发生了悲惨的事，我做了大错特错的事，我儿子死了，我没有饭吃，所以我很绝望。我的心没办法解决这个问题，于是就另外制造某种“肯定”，制造一种可以紧抓不放的东西，制造一种用手或用心雕刻出来的形象。如若不然，我的心就紧抓住某个上师，某一本书，某个观念。这些东西支持我度过我的问题，我的痛苦，我的绝望。于是我就说我下辈子会更好，等等。

然而，只要我没有办法解决我的问题，我的悲伤，我就会依赖希望。希望于是变成不可或缺。于是我便不希望有人破坏这个希望，这个信仰。为了保卫这个希望，这个信仰，必要时，我还不惜一战。另外，我还把这个信仰改变成有组织的信仰，然后紧抓不放，因为，从这个信仰，我得到了幸福。由于我无法解决自己的问题，所以希望变成了必需品。

那么，我是否有办法解决问题呢？依赖意味着希望，意味着安慰。所以，如果我了解问题，就不需要希望，不需要依赖观念、形象、人。所以，我们的问题在于希望是否不可或缺，在于我是否能够解决问题，在于是否有方法不悲伤，不在于我是否可以免除希望。

那么，了解问题需要什么因素呢？显然，如果我要了解问题，就不能有公式，不能有结论，不能有判断。我们只要观察自己的心，就会发现心真是充满了结论。我们浸泡在公式当中，希望拿这些公式就可以解决问题。如此这般，于是我判断，我谴责。如此这般，只要我还有公式、有结论、有判断、有谴责的态度，我就没有办法了解问题。

所以，重要的不在问题本身，而是我们怎样对待问题。我们的心如果想了解问题，就不要关切问题，而是要关切心本身"判断"机制的运作。各位了解吗？

我一开始就制造一种希望，说没有希望我就会迷失，因此我需要希望。于是我的心被希望占据。我用希望占据我的心。然而，这却不是我的问题所在。我的问题在于悲伤、痛苦、错误。但这是否真是我的问题？我的问题不是在于怎样对待问题吗？因此，重要的是我的心怎样看待问题。

我已经完全扬弃希望这种东西，因为希望是虚幻的，不真实的，不实际的。我无法处理不真实的东西，那是心造之物。那不是真实的东西，是虚幻的，所以我无法处理。倒是我的悲伤，我的绝望，我做了什么事，还有那些壅塞在我脑里的记忆，各种疼痛，那生活当中的悲伤才是真的。我怎样处理我的疼痛，我的悲伤，我的痛苦才要紧，我的希望倒没有关系，因为，只要我懂得怎么看待，就懂得处理。

所以，重要的不是希望，而是我怎样看待我的问题。我发现，我总是用判断的眼光看待我的问题——不是谴责，就是接受，要不就是想要改变它——或者透过有色眼镜看它，透过某人在薄伽梵歌里说的话，透过佛陀的话、基督的话，以此为公式，隔着这一层公式的幕布看它。我的心就因为这些公式、判断、引述而残废了，再也无法看问题、了解问题。那么，我们的心是否可能免除这一切累积出来的判断呢？

请各位注意听——不是注意听我的话，而是注意你们自己怎样处理问题。我们总是在追求希望，也一直遭受到挫折。一个希望破灭了，我就找另外一个希望来代替。由于我不懂怎样处理我的问题，不懂怎样了解我的问题，于是我便诉诸各种逃避的手段。但是如果我懂，我自然就不再需要希望。所以，重要的是弄清楚我们的心怎样看待问题。

你的心看着问题。你的心看着问题，显然是以谴责的态度。你的心看着问题，分辨，反应，或者想改变它。你残暴，你就想变成不残暴。不残暴是假的，不是事实。残暴才是真的。看你用什么态度——是否谴责，是否想起老师说过的这一方面的话——看待问题才是重要的。

我们的心能够抹除谴责、记忆这些东西，免去这些东西，直接正视问题吗？我们的心能够不关心去除或不去除这些东西吗？我们的心要是关心这个问题，就会从中制造新的问题。但是，如果你能够看清楚这些东西在阻碍你正视问题，那么，这些东西就不再有价值了，因为真正重要的是问题本身，是你的痛苦，你的悲伤。你不可能说你的悲伤只是观念，然后丢在一边，置之不理。它就是在那里。

所以，只要我们的心无法正视问题，解决问题，就必然会有种种逃避问题的方法。这些逃避的方法就是我们的希望之所寄托，也就是我们的自我防卫机制。

我们的心永远都会制造问题。但重要的是犯了错误的时候，痛苦的时候，要面对我们的错误，我们的痛苦，不判断，不谴责，与它们同在，让它们过去。要这样，唯有我们的心不谴责，不存公式的时候才有可能。这意思就是说，唯有我们的心从根本上，从基本上很安静，然后什么都没有，只有理解问题而已，才有可能。

问：请你告诉我们，“我们的职业”是什么意思？我感觉你说这句话和平常的意思不一样。

克：我们每个人都从事某种职业——律师、军人、政治家、企业家等都是。有些职业——律师、军人、政治家，还有不曾使别人和他们一样富有的工业家——对社会是有害的。

我们有需要的时候，我们选择一种职业时，我们训练孩子从事某一种职业时，我们不就是在社会上制造冲突吗？你选择一种职业，我选择另一种职业，不就是在你我之间制造冲突吗？由于我们从未弄清楚真正的职业何在，所以目前的世界不就是这个样子吗？其实只是社会在制约我们，某一文化在制约我们，要我们接受某种职业。我们接受以后，便在人与人之间滋长出竞争、怨恨。这一点每个人都知道，也都看到了。

那么是不是还有别的生活之道，能够让你我在真正的职业中运作？到底有没有适合人的职业？人的职业真是各有不同吗？我们看到的是人的职业确实有所不同：你是神职人员，我擦皮鞋。你是工程师，我是政治家。我们看到人有数不完的各式各样的职业，我们也看到这些职业全部互相冲突。所以，因为职业的关系，人总是置身冲突、怨恨当中。这些每个人都知道，每天都熟悉。

现在，就让我们来厘清是否有不适合人做的职业。如果能够厘清这一点，那么人各种能力的展现就不至于再制造人与人之间的冲突。我说，适合人的职业只有一种——只有一种，不是几种。这唯一的一种就是追寻真实。

如果你我都在追寻真实——这是我们真正的职业——那么，在这种追寻当中，就不会彼此竞争。我不会和你竞争，不会和你斗来斗去，你可以用你的方式表现真实。你也许是总理，但是我不会野心勃勃，想要篡夺你的位置；因为我和你一样，都在追寻真实。所以，只要我们还弄不清楚人真正的职业何在，就会一直互相竞争，互相憎恨。不论你怎样立法，在这件事情上面，你只会越搞越乱而已。

所以，我们是否有可能从孩子、学生还小的时候，就通过正确的教育，适当的老师，让他们自由地追寻一切事物的真相，不只是追寻抽象的真理，而是追寻他们和大自然、机械、金钱、社会、政府等一切事物的关系？这需要和目前不一样的老师，不是吗？这些不一样的老师关心的是帮助或给予孩子、学生自由，让他们探讨怎样培养智慧。智慧是腐败的社会绝对影响不了的。

因而，是否有一种职业是适合人做的？人不能孤立地存在。人总是存在于关系之中。但是，如果在那关系中没有发现真相，没有发现关系的真相，就会产生冲突。

适合你我的职业只有一种。从事这项职业时，我们会发现，自己的展现不会与他人产生冲突，不会互相打击。然而这样的职业，必须从正确的教育、正确的老师开始。老师本身也需要教育。基本上，老师应不止于授业而已，还要让学生自由、叛逆、追寻真理。

问：你回答我们的问题时，是什么东西在产生作用——是记忆还是知识？

克：这个问题很有意思，不是吗？我们来弄清楚。

知识和记忆是同样的东西，不是吗？没有知识，没有知识的累积——也就是记忆——你如何能够回答别人的问题？反应化为言辞，就是回答，不是吗？有人问这样的问题，说产生作用的是记忆还是知识？我只说记忆和知识根本是一样的东西。如果你有知识，却没有其记忆，这个知识就毫无价值。

你问我回答问题时，是什么东西在作用。是知识在作用，还是记忆在作用？大部分人是什么东西在作用？请注意听。问问题的时候，大部分人是什么东西在作用？显然是知识。我问你要去你家怎么走，那是知识在作用，记忆在作用。大部分人都是这个东西在作用，因为你已经从薄伽梵歌，从奥义书，从佛经，从古兰经，或者你敬爱的上师，你自己的经验累积了知识，累积了你的种种反应。你就是从这样的背景来回答人家的问题。这个我们都知道。这是事实。你做生意，是这个东西在作用。你造桥，也是这个东西在作用。

写诗的时候有两样东西在作用，一个是语言功能，也就是记忆，一个是创造的冲动。创造的冲动不是记忆，但是一表现出来，就会成为记忆。

所以，没有记忆，没有语言功能，没有形诸语言的过程，沟通就不可能。我若不使用一些字，一些英文字，就没办法和你谈话。这个谈话，这个语言功能，就是记忆的作用。好，现在我们的问题是，论者回答问题时，是什么东西在作用，是记忆还是什么东西？显然是记忆，因为我在使用文字。不过，就这些吗？

我二十年来像留声机一样，一直在讲一些话。我记忆中累积了无数的词语。那么，我在回答别人的话时，是从这些词语在回答吗？

大部分人都是。我们有某些行为，某些思考模式一直在重复。可是词语的重复却完全不同，因为词语的重复是一种和人沟通的方式。

由于重复经验，因此我们把经验搜集起来，储存起来。然后我像机器一样，从那储存的地方再重复经验。这也是重复，也是记忆在产生作用。

因此你问，我讲话的时候，是否可能真正在体验，而不是从已有的经验回答别人的话？重复已有的经验和自由地体验事物——虽然也是用记忆，用语言功能来表达——当然不一样。请各位注意听，这一点并不难理解。

我想弄清楚野心是什么意思，意味着什么东西。我现在在讲话。那么，我是在全新地探索野心的整个过程呢，还是只在重复我昨天所做的探索？我们是否可能随时做全新的探索、体验，而不只是仰仗昨日的记录、记忆、经验？我现在在说话，虽然我是用文字在沟通，但我是否可能展现自己，而非重复昨日的经验？

你的问题是，我讲话的时候是什么东西在产生作用？如果我只是在重复十天前说过的话，那么我的话就没有什么价值。但是，如果我一边说，一边也在体验——不是靠想象，而是实际地体验，那么那是什么东西在产生作用？那是“展现”在产生作用，但不是透过自我表现，也不是“我”在产生作用，因为那只是记忆。

所以，不仅是我，每个人都必须弄清楚我们的心是否能够和储存记忆的所在保持距离，在生命之水上面保持稳定，让记忆漂浮在上面，不紧抓记忆，必要时又能用记忆来和人沟通。这一点很重要。这表示我们的心要不断地让记忆飘浮过去，绝对不和以前的事情结合，不被往事盘踞，因而非常坚定——不是对经验坚定，不是对记忆、知识坚定，而是在体验的状态下，在这个过程中坚定、稳定。

这就是我们的心能够不腐败，因而常新的因素。一味累积的心其实早就腐败了。但是能够让记忆漂浮过去的心，在体验事物的状态下却很坚定，这样的心是永远清新的，看事物也永远是全新的。这种能力，唯有心很静的时候才有可能。然而这种静是诱导不来的，守什么戒律也守不来，用意志也强求不到，唯有我们的心了解整个知识、记忆、经验累积的过程以后才有可能。这时我们的心，就屹立在变动不居、振荡不停的生命之水上。

问：我们的心应该想什么事情才对？我想要冥思。能不能请你告诉我，我该冥思什么东西？

克：我们先来弄清楚什么叫做冥思。是你我一起弄清楚，不是我告诉你什么叫冥思。我们两人要一起全新地发现这种东西。

已经在学习冥思，也就是专注的心，已经在学习把一切事物关在外面，全心全意集中在一点的心——这样的心是没有办法冥思的。但是大部分人要的都是这种东西。我们学习专注，学习心无杂念，唯有一念。我们说这就是冥思。可是这不是。冥思是完全不同的东西。我们会弄清楚。

所以，第一个问题是，我们的心为什么老是要自己有挂虑？各位了解吗？我们的心说“我一定要挂虑事情，要有烦恼，有记忆，有热情，或者怎样才能心如止水，怎样才能去除某种东西，怎样才懂得造桥的技术”。所以你只要细心观察，就会发现我的心一直在要求有所牵挂，不是吗？因此你才会说：“我的心一定要谨记‘嗡’这个字。”要不你就是一直念着“Ram Ram”[①],要不你就是一直想喝酒。但是，“嗡”也好，“Ram Ram”也好，喝酒也好，都是一样的东西，都是心要有所牵挂，它说如果不有所牵挂，就会做出一些糟糕的事情，就会迷失，不知所之。我们的心要是不在意什么东西，人生还

① 罗摩，印度神祇名。

有什么目标可言？所以你便替自己发明或者高贵，或者卑贱，或者卓越的目标，紧紧地抓住，然后一直牵挂着。但不论你牵挂的是上帝，是生意，其实都一样，那都是你的心自觉或不自觉地在说自己要有所牵挂。

接下来，我们要弄清楚为什么心要有所牵挂。请各位注意听。我们现在就是在冥思了。这就是冥思。冥思不是最后才有的状态。自由不是最后才得到的状态，而是开始。如果一开始没有自由，最后也不会有自由。现在没有爱，你十年之后还是没有爱。所以我们现在要做的就是弄清楚何谓冥思。探索冥思就是冥思。

我们的心说“我必须牵挂上帝，牵挂美德，牵挂生意，要有烦恼”。如此这般，它一直活跃在它牵挂的事情当中。心唯有动的时候才存在，唯有自觉到自己动才存在。心唯有动的时候，唯有有所牵挂的时候，有结果的时候，才知道自己存在。它动的时候，才知道自己存在。这个动是牵挂着结果，牵挂着某一个观念，或者想否定某一个观念的动。

不论内外在，我只有动的时候，才自觉到自己。所以，意识就是这种内外在的动，这种放出反应、回应、记忆，再搜集回来的动。所以，只有我在思考，我和某件事产生冲突，我在受苦，我有所牵挂，我很紧张，我有分别心时，我的心才存在，我才存在。

所以，我们的心有野心的时候，停留在野心上面时，就知道自己在动。等到野心不能得逞了，心就说“我要敬爱上帝”。但是在意上帝和在意金钱，其实没有两样。我们认为敬爱上帝的人比心里只想着钱的人高贵。其实两者都是一个样子，都要结果，都需要有所牵挂。所以我们的心是否能够没有牵挂？这才是问题。

“更多”是我们的心借以知道自己存在的方法。这样的话，我们的心是否可能一片空白，没有比较？知道自己存在的心，绝不会满足于当下即是。它永远在获得，谴责，不停地要求。它是在这样的要求，这样的运动中，才知道自己的存在。这种“知道自己存在”，就是所谓的自我意识——表面上自觉的自我意识与潜意识里的自我意识。这就是我们的生命，我们每日的存在状态。

我想知道何谓冥思，于是我就说我要想着冥思这件事。我想弄清楚何谓冥思，于是我的心便牵挂着冥思这件事。然而，有所牵挂的心究竟有没有办法冥思？冥思，当然就是了解心的种种状态。我如果不了解心怎样运作、操作、作用，又如何冥思？又如何真正发现真理？所以我们的心一定要弄清楚自己有所牵挂的状态，由此看到自己牵挂的东西，然后了然凡是有所牵挂都是一个样子，因为所有的牵挂都是心里充满言辞，充满观念，动个不停，所以永远都静不下来。

心里牵挂着要发现爱，就是一种牵挂，不是吗？这和心里充满激情没有两样。

你一说你要弄清楚真理，你还弄得清真理吗？真理是否只在心无所牵挂，一片空白，只接受，不搜集、不累积时才会显现？你只能接受一次。你一旦把自己接受的东西转为记忆，牵挂在心里，就不可能再接受。接受是一刻一刻之间的事，所以是不属于时间的。

所以，属于时间的心无法接受不属于时间的东西。因此心就必须安静，虚空，不往任何一个方向运动。这种状态唯有无所牵挂——不牵挂“更多”，不牵挂问题，没有烦恼，不逃避，不受任何信仰、意象、经验的制约——的心才有可能。心只有这个时候才是全然的自由，才会有广大深沉的静。唯有这种静，那永恒者才会显现。这就是冥思。

一九五三年三月十一日　孟买

你思考的核心是什么东西？

一、我·认同·冲突·合作·习惯·安全·爱[①]

克：你思考的核心是什么东西？各位知道我们的思考，有些是周边的思考。这种周边的思考并不重要。可是思考的中心，那种思考的动量，那种运动到底是什么东西？那个何其关心自己的“我”到底是什么东西？我想到我自己——那就是核心，就是我思考的中心。我在周边也想到一些东西——这里的人，那几棵树，飞过去的鸟。不过，除非周边发生了什么危机，影响到“我”，而“我”也起了反应，否则这些东西都不是很重要。那么，这个你从它那里思考的中心是什么东西？这个“我”是什么东西？我们又为什么老是在意自己？我没说那是对还是错，但是我们的确看到我们老是在意自己。为什么？

学生：因为我们认为自己很重要。

克：你为什么认为自己很重要？

学：你从小就不得不如此。

① 本篇行文中的标题为中文版编者所加，为英文版原文所没有。

克：你为什么总是想到自己？看看这里面牵涉到多少东西。“想到自己”可不是小事。你用好恶想自己和别人的关系。你想到自己，也认同别人。我想到我刚刚告别的那个人，想到我喜欢的那个人，想到我吵过架的那个人，想到我心爱的那个人。这些人我都认同，不是吗？

学：你说认同是什么意思？

克：我爱你，我就认同你。或者，我伤害她，而你认同她，所以你就很气我。你看，就是这样：我说话伤害她，你是她的朋友，所以你认同她，因此你就很气我。这就是以自我为中心的行为，不是吗？你确定不确定？

学：可是，这其实是不是对方认同你呢？

克：是或不是？我们就来探讨一下。我喜欢你，我很喜欢你，这是什么意思？我喜欢你的模样，你是个好同伴，等等。这表示什么？

学：这表示你比起别人是比较好的同伴，所以我喜欢和你在一起。

克：深入一点。这表示什么？

学：你将他留为己有，排斥他人。

克：这是其中一部分。再来。

学：和那个人在一起很高兴。

克：和那个人在一起很高兴，和另外一个人在一起不高兴。所以，我和你的关系是建立在快乐之上。我不喜欢你了，我就说“我要走了”！我关心的是我的快乐，我的愤怒，我受到的伤害。所以，自我关切并非只是在意自己，只是认同这个或那个东西、人、书等而已。我们会在意这种周边的东西，也会和你比较。这种比较随时都在进行，只是这从中心进行。

学：你在报纸上看到印度那些巴基斯坦难民。你和他们没有个人关系，可是却会认同他们。

克：我为什么会认同这些遭到屠杀或驱逐的人？前天我在电视上看到他们的报道。这种事实在可怕！这个世界到处都有这种事情，不只是在巴基斯坦。你说你认同这些难民。你的感觉是怎样？

学：同情。

克：再来。探索，解开它。

学一：很气那些造成这种事情的人。

学二：沮丧，因为你无能为力。

克：你很气那些人把年轻人杀死，把女人和小孩赶走。你在气那些人对不对？你认同这一个，排斥另一个。这样的认同，它的结构是怎样？它分析起来是怎样？

学：你感到不安全。

克：通过这种认同，你觉得你可以做一点事情吗？继续。

学：虽然是偏向一边，你觉得你还是有机会做一点事情。

克：假设我反对天主教。我认同一个反神职团体。我认同他们，就觉得自己可以做一点事情。但是如果再深入一点分析，你就会发现那想做一点事情的还是“我”，还是因为在意自己。我只是认同一个我认为比较大的东西，譬如印度这个国家、佛教、天主教等等，或者是我的家庭、上帝、信仰、房产，乃至于伤害我的你而已。这样的认同，原因何在？

学：我和这个世界是分离的。然后因为和大的东西结合，那个东西就成了我的盟友。

克：没错。但是你为什么这么做？我喜欢你，所以我认同你。我不喜欢他，所以我不认同他。我认同我的家庭，我的国家，我的上帝，我的信仰。我为什么要认同什么东西？我不说那是对还是错，但是这一切认同的背后到底是什么东西？

学：内在的混乱。

克：是吗？

学：你很害怕。

克：再来。

学：这种混乱是认同引起的。

克：是吗？我在问你，你也要问我。不要光是接受我的话，要探索。这个认同的过程，是怎么发生的？我要是不认同你或认同什么东西，我就沮丧。你确定吗？

学：我觉得不足，空虚。

克：继续。我觉得悲伤、沮丧、不足、缺憾、空虚。我想知道为什么我要认同某一个团体、社群、情感、观念、理想、英雄等等，一切的一切。为什么？

学：我想是为了要安全。

克：是的。不过，你说安全是什么意思？

学：自己一个人，我觉得很弱。

克：是因为无法独立吗？

学：是因为害怕独立。

克：因为害怕独自一个人，所以你就去认同什么。

学：不见得。

克：可是，那却是核心，是根源。我为什么要认同，因为这样我才觉得安全。我对某些人某些地方有快乐的回忆，所以我就认同这些人这些地方。我在这样的认同当中感到比较安全。对不对？

学：不知道你是否愿意谈这件事。我认为越南的杀戮是不对的。华盛顿有人在示威反战，我也参加了。

克：等一下。有一群人在反战，我也参加了。因为认同一群在做事的人，我也是在做事，所以我认同他们。我自己一个人就无能为力。但是隶属于一群示威、写文章反战的人，我也是在反战。这就是认同。

我们不说这种认同的结果是好是坏。然而人的心为什么总要认同某种东西？

学：你是要问何时那是认同，何时那是行动吗？

克：我就是要讨论这一点。首先，我自己想了解，也想谈清楚我为什么应该认同。如果有必要，我也会认同。这就是说，我要先弄清楚合作是什么意思。这样的话，我一方面非常合作，因而一方面也懂得何时不要合作，而不是反过来。不知道各位是否了解。我如果了解合作牵涉到什么东西——合作真是不得了的事情，一起工作，一起生活，一起做事——我如果了解合作是怎么一回事，我就懂得何时不要合作。

现在我想知道，为什么我会想认同什么东西。并不是说纵然在行动中有认同的需要，我依然不应该认同，而是我必须先弄清楚为什么我会想要认同，才知道怎样行动，和谁合作。是想要安全这个原因吗？因为你远离自己的国家，离家在外，所以你就认同这个地方，认同某个团体，以便求得安全、保障。因为你觉得“我在这里很安全”，所以就产生了认同。因此，你认同的原因是不是觉得不安全？是不是？不安全代表恐惧，代表疑虑，代表困惑，代表不知如何是好。所以你需要保护。保护是好的。这就是你需要认同的原因吗？

那么下一步呢？我有疑虑、不清楚、困惑、害怕、不足，所以我就认同某种信仰。接下来会怎样？

学：我觉得我还是不安全。

克：不是。我已经认同某个意识形态。这以后会怎样？

学：你使它成为你的安全处所。

克：我已经给了这种认同种种理由——因为合理，因为行得通，等等。那么，我已经有所认同了，接下来会怎样？

学：你有了冲突。

克：各位看看会怎样。我认同某个意识形态，某个团体，某个人。这个认同是我的一部分。我必须保护它，不是吗？如果它受到危害，我就会迷失，就会回到我原来不安全的地方。所以呢，所以只要有人批评它，怀疑它，我就很生气。于是就发生什么情形呢？

学：冲突。

克：我认同一个意识形态。因为那就是我安全的寄托，所以我会保护它。要是有人用相反的意识形态危害它，我就反抗那个人。所以，有认同就有对立。我在自己认同的东西四周筑起一道围墙。但是有围墙，就必然制造分裂。接下来就是冲突。不知道各位是否了解？下一步呢？继续。

学一：认同和合作有什么不同？

学二：我们好像还要多了解一下合作。

克：各位了解合作，和别人一起做事是什么意思吗？认同之下可能合作吗？各位了解我们说的认同是什么意思吗？我们曾经做过分析。合作表示一起做事。但是，如果我认同某一个意识形态，你却认同另一种意识形态，我们可能一起做事吗？显然没办法。

学：可是人总要一起做事。

克：那是合作吗？

学：不是。

克：看看这里面牵涉到什么东西。因为我们都认同某一个意识形态，所以我们在一起做事。你保护它，我也保护它。那是我们的安全——以上帝之名，以美之名，以任何东西之名——寄托的所在。我们认为这就是合作。但是接下来有什么情形？我们认同一个团体时，会不会有合作？

学：不会，因为会有分裂。我发现，因为我认同某一团体里的人，所以我和他们有冲突。

克：你们看这种事情。我和你都认同那个意识形态。但是对那个意识形态的解释却——

学：不一样。

克：当然。你对那个意识形态的解释不一样，你脱轨了，所以我们也开始互相冲突。所以，我们对某个意识形态看法必须完全一致才行。但是，可能吗？

学：学校里就有这种情形。你认同一所学校，可是学校里人人观念都不相同。

克：是的，没错。为什么？

学：我有时候觉得这里有一些冲突，原因正是你刚刚所说的那些。你我都认同这所学校。我们都认为我们在合作，事实上却没有这种精神。

克：所以我要问，我们有所认同的时候，是否还能合作？

学：不能。

克：你知道自己在说什么吗？（众笑）这个世上，凡事莫不如此。这是不是真理？有所认同就无法合作？发现这个真理真是奇妙。这不是你的看法，也不是我的看法，不过却是真理，确实成立。所以，现在必须弄清楚我们所说的合作是什么意思。你们知道有所认同于某个观念，某个领袖，某个团体，等等，就没有合作可言。这样的话，无所认同的合作又是怎么一回事呢？

学：针对情况本身做反应而采取行动。

克：我不是说你不对，可是，如果你我想法不同，如果你只在意你自己，我只在意我自己，我们还能共事吗？不能共事有种种原因，我们知道其中之一就是如果只在意自己，双方就无法共事，所以我们就一起认同某种意识形态，希望我们能因此而合作。但是，如果无所认同的话，那么合作是怎么一回事？

我们现在在布洛伍德，在一所学校里。我们知道只要认同这所学校，认同某个观念，某个计划，认同这个政策，那个政策，我们就无法合作。我们也知道认同就是造成分裂的原因。这样的话，何谓合作？“一起”（together）做事，不是“为”（about）什么事而做事。各位了解这种区别吗？所以，你们一起做事之前，合作的“精神”，合作的感情，合作的内在是什么东西？那种感情是什么东西？

学：了解，对它完全开放。

克：深入一点。我们说认同不是合作。这一点你们确定吗？你们是否清楚只要每个人只在意自己，就不可能有合作？你只在意自己的时候，就不会有合作的精神。这时唯有让你高兴，你才会合作。所以,所谓合作到底是什么意思？没有“我”而与人合作是什么意思？有“我”就没有办法合作。我也许会尽力为某个观念合作，可是背后却老是有个“我”要认同我做的这件事。所以，我必须弄清楚为什么我成天想着自己：我的容貌，别人比我好，为什么某个人要伤害我，为什么某人会说“你真是好人”。为什么我整天都在想这些？连晚上睡觉也想“我比你好”,“我知道自己在说什么”,“那是我的经验”,“你傻瓜，我聪明”。为什么？

学：这种事好像很多都是习惯。

克：习惯是什么东西？

学：没有觉察。

克：不是。习惯是什么东西？不是习惯怎么养成的。

学：重复的动。

克：对。为什么会有重复的动？为什么会养成习惯？慢慢地讨论起来,你们会发现重大的东西。我们每个人不是留长头发就是短头发，对不对？为什么？是因为大家都这样吗？

学：那是习惯，还是模仿？

克：我们来看看是怎样。起先你是模仿别人，后来你就说“短头发比较端正”。

学：风俗是不是也是习惯？

克：是。不过，我不想那么快就讨论到这一点。所有的思考不都是习惯吗？各位同意吗？

学：嗯，那是你常常做的一件事。

克：继续。我们看看讨论“习惯”这个问题，你们会发现什么东西。

学：那是一个情况，我们却用老套去反应，不是吗？

克：新的情况，我们却用老套去反应。认同不就是一种习惯吗？

学：是。

克：因为你感到不安全。你知道习惯的结构本质何在吗？你可曾觉察到自己总是按照习惯在做事？每天早上六点起床，信仰个什么，抽烟，戒烟，吸毒。懂吗？凡事都简化为习惯——也许一个礼拜，也许十天，也许五十年——总归已养成习惯。我们的心为什么会落入常轨？难道你们不曾问过自己为什么会有习惯吗？你们可曾观察过我们的心老是按照习惯做事？

学一：这样比较容易。

学二：不按照习惯生活很费力。

克：不要急，我就要讨论这一点，一步一步来。我问自己：为什么我的心总是按照习惯生活？我昨天想一件事，今天还想这一件事，明天还是想这件事——也许稍微修正一下。我的心为什么会这样？

学：我们总是半睡半醒。

克：我们说其中有一部分是懒惰。还有呢？按照习惯生活比较容易。

学：我们害怕未知。

克：我希望再深入一些。

学：我们的心害怕如果不维持同样的思考，就会受到危害。

克：这意思是什么？

学：意思是我们的心在习惯中看到某种秩序。

克：习惯是秩序吗？

学：你可以借习惯建立某种结构，可是那不一定是秩序。

克：这表示我们的心好比机器一样，按照习惯做事有种种原因。因为比较容易，因为逃避孤单，因为害怕未知，心若是说“我就是要这样做，别无他途”，这里面就代表某种秩序。那么我们的心为什么总是要按照常轨，也就是习惯做事？

学：它本质如此。

克：你这样说等于我们的探索告终。我们了解心所以按照习惯做事的种种原因。但你们是否真的觉察到了？严重精神病患者的习惯和别人完全不同。神经质的人习惯也很特别。他们这些习惯我们都不喜欢，可是我们自己却接受某些习惯。我们的心为什么会这样？我想深入讨论这一点，我想知道我们的心为什么会这样，能不能没有习惯而活着。

学：因为它觉得它就是人格。

克：我们说这个人格，这个自我，这个“我”常说“我很害怕，我需要秩序或懒惰，这些都是‘我’的各种面貌”。除了生物机能的习惯，除了身体一般的机能有它自己的机制、智力、结构之外，我们的心能不能没有习惯而活着？我们的心为什么总是这么快就接受习惯？“我们的心能不能没有习惯而活着？”这个问题极为重大。说有上帝，说有救主，都是习惯。说没有救主，只有国家，也是习惯。我们的心如此这般活在习惯之中。活在习惯之中是否比较安全？

学：是的。

克：慢慢来。这表示什么？表示我们的心在已知事物范畴内作用，感觉比较安全。已知事物就是习惯，对不对？

学：即使如此，我们还是会说我们不安全。

克：因为已知事物还是会改变，会给别人夺走，会在上面增加什么东西。然而我们的心总在已知事物范畴内作用，因为这样它才觉得安全。所以习惯就是已知事物，就是知识——科学的知识，技术的知识，我自己的经验的知识。这里面有的是机械式的习惯。但是现在我要问：我们的心是否有办法离开已知事物——不是进入未知领域；我不知道那是什么意思——而是自由地离开已知事物的范畴？

这样说好了。假设我完全了解内燃机引擎的原理，我仍然可以从这个方向继续实验，不过总会有个局限。所以我必须寻找新的东西。一定还有别的方法可以创造能源。

学：我们的心如果需要已知事物给予的安全，还会这样说吗？

克：我现在不是在谈安全。

学：你是说现有的技术要有突破，才会产生新的东西？

克：没错。就是这样。否则人类就无法发明喷气引擎。他必须用不同的眼光看问题。

我的心总是在已知事物，在修饰过的事物，也就是习惯的范畴内运作。我在自己和人的关系上，在思想上，也就是永远从已知范畴内的记忆所生的反应之上，我通过已知认同未知。我们的心一定要靠已知事物才能运作，否则我们就不会说话了。然而我要问的是，要是没有习惯，心能不能运作。

学：我们的心这样问，是因为它靠习惯做事失败了吗？

克：我没有想到成功或失败。

学：但是，什么东西使心这样问？

克：我的心说，现在这样不够好，我要更好。它想找到更好的东西，但是在已知的范畴内找不到，所以只好想办法扩大这个范畴。

学：可是，它应该了解自己的局限啊！

克：我知道啊！我对自己说，我在已知事物范畴内运作没有问题。我随时可以把它扩大或缩小——垂直方向，水平方向，任何方向都可以。但这还是在已知事物范畴之内。我的心说我很了解这一点。然而，出于好奇，它就说，如果没有习惯的话，心能不能生活，能不能运作？

学：这个问题有不一样吗？

克：我现在是在讲心理的东西，内在的东西。生活的一切，心灵里的一切心理活动，显然都是习惯的延续。

学：是有什么动力，还是什么……

克：我现在就在创造动力。心本身在创造动力，要弄清楚，不是要找什么东西。

学：这个问题真难，似乎是解开某个难题的关键。如果可以的话，我要问，为什么心会说：我看到"活着而没有心理习惯"的必要？

克：我没有看到这种必要。我没有论断什么事情。我只说我看到心在已知事物范畴内运作，这个范畴可以水平或垂直地扩大、缩小，甚至缩小到没有，不过永远在那个范畴之内。于是心就说，有没有一种生活方式——我不知道是什么方式，我根本没有论断——是完全没有习惯的。

所以，我们现在再回去。你是否知道自己成天在想什么？你说"知道，我成天想着自己；也许具体，也许模糊，也许微细，也许巧妙，不过就是想着自己"。心如果一天到晚只在意自己，是否还会有爱？你说不会。为什么？

学：因为如果你一天到晚只想到自己，你就没有办法……

克：所以，除非你不再想到自己，否则你永远不能说"我爱你"。一个人如果充满野心，争强好胜——这都是"只在意自己"——还会有爱吗？

所以，我们必须寻找一种没有习惯的生活之道。但是，我们却会另循他途利用习惯，利用已知事物——我不说那是习惯——看环境，看状况等而定。所以，爱是习惯吗？快乐是习惯，不是吗？那么爱是快乐吗？

学：先生，你说的爱是什么意思？

克：我不知道。但是，我可以告诉你什么东西不是爱。然后，如果你心里有那个不是爱的东西，自然就没有另外一个东西。请听我说：有已知，就没有爱。

学：所以我们必须先弄清楚习惯是什么东西，然后再弄清楚什么东西不是习惯。

克：我们已经弄清楚了。我们说习惯是行为在已知事物范畴内的延续。已知就变成了明天。明天是星期天，我要开车外出。我知道这件事，我安排了这件事。那么，我还能说明天我要爱吗？

学一：不行。

学二：我可以。

克：你说明天我会爱你是什么意思？

学：我在做承诺。

克：你是说在教堂里吗？这表示这个爱是在已知范畴之内，所以也在时间之内。

学：但是你既然爱了，能够突然不爱吗？

克：我曾经爱你，可是我现在烦了。

学：你今天爱一个人，明天还是可以爱他。

克：你怎么知道？我今天爱你，但你想确定我明天也爱你。所以我才说“亲爱的，明天我还是爱你”。

学：那是另外一回事。

克：我要问，爱有没有明天？习惯，因为在延续，所以有明天。爱是不是延续的东西？认同是不是爱——我爱我太太，我儿子，我的上帝？

所以你们必须真正地了解——而非只是嘴巴上说说而已——真正地了解已知事物的全部过程、结构、本质，从内在了解它的整个范围，了解你怎样一直在这个范围内运作、思考。你能够掌握明天，因为那是从已知投射出来的。要真正了解这一点，各位必须先了解我们今天说的这些。你必须知道自己在想些什么，又是为什么；你必须观察。

学：你可以知道自己在想什么，可是不见得知道自己为什么想。

克：噢，可以，太简单了！我想知道我为什么想，为什么有思想。昨天我去裁缝店，走的时候手表忘了带走。昨天晚上要找的时候才想起来。于是我就说"我怎么这么粗心，这么懒散，把手表丢在那里，找麻烦"！我的心里跑过了这些东西。

学：你说自己粗心的时候，你已经认同自己。

克：没有。是我忘了手表。这表示他们必须费神去找，也许给人拿走了，他们就要负责，等等。我想着这件事，知道这个想的动量为何从这里生起。我看到整个思想的流程。你可以知道思想的开始和结束。你们全都一副不懂的样子！我想过，也可以使它结束。我把手表忘在那里，也许已经丢了。这只手表我戴了很久，我很在意。我可以送人，却不希望遗失。可是如果丢了，事情就结束了。我就再也不想它了。

现在，看看我的每一个意念，觉察我的每一个意念！要是能够看清楚，每一个意念都很有意义。你可以看到它的开始，它的结束——不会没完没了。

学：你是说如果你了解思想怎样起来，就会看到思想结束吗？

克：不是。你听我说。有没有一个意念和其他的意念是互相独立的？意念是互相独立，还是彼此相关？你觉得呢？

学：彼此相关。

克：你确定吗？

学：嗯，每一个意念都是从别的意念来的。

克：如果我了解意念的相关，如果我了解一切意念所由生的背景……

学：好难。

克：观察，而没有问题想求答案，表示无限的留神。不要没有耐心。注意观察，一切自然就会显现。假设你我吵架，我不想把它放在心里、放在思想里。我想让它结束。于是我就会来找你，对你说“抱歉，我不是故意的”。于是事情就过去了。但是我有这样做吗？

各位今天是否学到很多——不是学到，而是是否在学习，在了解“学习”的意义在哪里？

一九七一年六月十九日　布洛伍德公园

二、教育·生活·聆听·思考·自己弄清楚·父母也要关心

学：我们上次在谈为什么不能说我们爱别人。

克：我们能不能换个方式来谈？各位是否知道什么叫做侵略性？侵略性就是对立、对抗。这就产生了一个问题：你们读过这所学校，变成了所谓的“受过教育”以后，要怎样面对生活？你们想不想让你们生活于其中的社会和文化吞噬？还是你们会和它对抗，反叛它？但这又只是反应，并不是全然的行动。你们会不会从舒适的生活方

式出走，从全体一致、模仿、接受模式——不论那是什么模式——出走？你们会不会变成完全不同的人类，觉察并且知道自己必须面对逆境、对立，所以再也轻松快乐不起来？大部分人期望的都是轻松的生活，舒适的生活，不麻烦的生活。这几乎是不可能的。那么，一旦面对逆境，你是否会逃避？要是你不喜欢某个地方，不喜欢某些人，某个工作，你是否会走开，跑掉，另外去做自己觉得满意的事？你会利用别人来满足自己吗？不论是在性方面，还是做同伴，还是追求——表面底下，内心深处——自己满足的方面，利用别人是不是爱？

生活就是这么一回事，你要怎样面对这一切？所谓受过教育的人，上过大学，有很体面的工作，在社会上适得其位。然而他们还是有烦恼，也会遭逢逆境。你也许顺利通过考试，得到工作。你也许受过技术教育。可是心理上，你对自己却毫无所知。因为得不到想要的东西，所以你怏怏不乐，你悲伤。你和先生吵架，和老婆吵架。这些人都受过教育，都读过书，却不把人生当一回事。所有的读书人都一样。

你们也会去受教育。我不懂为什么，你们就是会去受教育。然后呢？过舒服的生活吗？我们并非反对舒服的生活，但是如果一味追求舒服的生活，我们的生活就会变得很廉价、肤浅。你们在相当大的程度上，就必须附和自己生活于其中的文化结构。就算你反抗这个文化，加入某个团体，这个团体还是有它的模式，所以你还是必须去适应。

这个世界，大部分人都希望平安、安全、舒适、恣意地过活，没有不顺心的事，在表面上很肤浅地附和别人，内心又反抗这种附和；内在叛逆，可是表面上却受人尊重，工作，结婚，生孩子，负责任。但是由于我们的心还想要更多，所以很不满足，常常由一物奔赴一物，再由一物奔赴一物。看到这样的情形——不只看到其中的一个片断，一个部分，而是看到整幅的地图——你会怎么办？这个问题在你们这个年纪是否无法回答？也许你们太年轻了，有你们自己的想法，其他的事情还可以等。

学：人都知道自己想要做什么。

克：你知道自己想做什么吗？

学：我知道自己想做什么。

克：你想做什么？想吗？我想做英国女王，我想做最伟大的人物。可是我没办法，因为我没有那个能力。所以你说你想做什么，是因为它可以给你快乐，给你满足。舒适、快乐、满足，人人都想要这些东西。“我想要这个东西，因为做了很快乐”。等到你发现你一路走来并不顺利，又不知道怎么处理，你就开始逃避。

各位知道，这个问题真的很难。要说自己想做什么并不容易。这个问题很复杂。所以我才会说“这样问会不会太难”？否则，难道你们在这个年纪，已经隐隐约约感到自己——不但未来的几年，乃至于此后的一生——要做什么了吗？

学：我们并不小。

克：我不知道。我不知道你们太大还是太小。这要你们自己说，不是我来说。我问你们，你们自己要弄清楚。

学：事实上，我们有些人已经太大了。我们已经给塑造完成了。我们早就有一些经验，让我们对人生很厌烦。

克：你们知道，前几天我们谈到“人总是最在意自己”这个事实。你想到自己的时候，是不是都想到最高兴的事情？“我要这样，因为这样可以给我极大的满足”。所以你们要怎样处理这种事情？你们接受教育难道不应该不只学地理、历史、数学等等，而且也要学习这一方面的事情，好让你们懂得怎样在这个凶恶的世界生存吗？这难道不是教育的一部分吗？你们要怎样教育自己面对人生呢？你们是否期待有人来教你们这件事，如同教你们数学、历史等科目一样呢？

学：没有。

克：没有？你确定吗？如果没有人教你心理的、内在的生活之道，你要怎样接受教育？你要怎样教育自己？你知道当今的世界是怎么一回事吗？除了种种的邪恶、战争、屠杀，一切可怕的事情之外，有一些自认有所知的人也在努力教育你们，而且不只是在简单、清楚、明白的技术知识上教育你们。

前几天，我在电视上听到一个主教说："认识上帝就是爱。你不认识上帝，就活不下去，生命将变得毫无意义。"一个著名的主教还是什么这么强调这句话，我听着听着，于是告诉自己说：我正在学习这一点。我想弄清楚，我想接受教育。他的话很有道理。但是你看着他的领饰，他的袍子，他的帽子，你就说"噢，这个出家人，老头子，讲的还是那一套，没有什么"。然后就把他忘了。接着，又有另外一个人提供了他的生活模式。这个生活模式听起来也蛮有道理的，而且由于他的人，他的仪表、穿着、走路的样子——你们都知道这些把戏——你就说"不错，他是有一点东西"。于是你就开始听他的。然而就在这样的听当中，你已经被他的话制约了，不是吗？

学：那要看你怎么听。

克：如果你不知道如何去听那个主教的话，你就会说"真有道理，他说我们已经这样活了两千年，认识上帝才是正确的生活之道"。我听他说话。他的话有些东西吸引了我，于是我就接受了。我受到了他的影响。另外一个人说"只要这样做，你就会悟道"。于是他也影响了我。如此这般，我到处受影响。但是我到底要做什么呢？我想要教育自己，因为我看得很清楚，这一方面没有人可以教我。没有人可以教我，因为他们从来不曾教育自己，从来不曾进入自己内在检查，探索，追寻，观察，注意。他们总是符合某个模式。他们教你的，就是怎样符合那个模式——不论那个模式是禅，是基督教义都一样。他们虽然善于辩论，善于辩证，可是却从来不曾如我们所说的那样教育自己。

由于没有人帮助我教育我的内在，所以我要从何开始？我知道如果我不教育自己，我这个人就会失衡。我可能擅长写作，可能也拿到学位。可是接下来呢？可能此后我就不再重视自己的一生了。所以，这一方面既然很少有人不惮其烦地研究、探索，我要怎样教育自己，让自己在这一方面成熟起来呢？或许也有人探究过，可是却把他们的想法强加在别人身上，没有教别人怎样自己弄清楚。

各位了解我这些话吗？弗洛伊德、荣格、阿德勒等精神分析学家曾经在这方面有所探讨，也讲出了一些事实。他们发现所有的行为皆由于小时候的制约。他们定下了某种模式。你可以照这个方向来探索，从而得到一些资料。可是那不是你自己学到的，而是你按照别人的说法学到的。然而你知道生活是怎么一回事，当今的世界怎么一回事——战争、仇恨、政客、僧侣、有一点小哲学的嬉皮、那些吸毒的人、搞人民公社的人、阶级仇恨等等——你要怎样自己弄清楚？外在有这些东西，内在世人又是野心、贪婪、嫉妒、残酷、粗暴、彼此互相压榨。这些都是事实，我没有夸张。

看到这一切，我该怎么办？我要附和某个让人舒适的模式吗？我想就这样做，以便满足自己吗？你现在十五岁、十六岁、二十或二十五岁，如果现在心里没有火花或火焰，五十岁时想要有就很难了。那时候要改变就难了。所以，我该怎么办？我要怎样面对这一切，正视这一切，听着世上所有僧侣、技术专家、聪明人、工人、各地的罢工等可怕的喧嚣？我要选择其中吸引我的一种，一辈子遵循吗？我该怎么办？这个问题非常重大，绝不简单。

学：我想实验一下。

克：实验一下？

学：嗯，让事情发生在我身上。

克：听我说。看到这一切，我不知道该怎么办。我不知道该怎么办，通常我就会去找容易的出路。不要欺骗自己。这个问题非常重大。

学：但是容易的出路仍然不是真的。

克：等一下。我没有那么确定。我面对这一切喧嚣、叫嚷、推挤，发现有一条路很容易，于是我变成了僧侣。当今世上某些地方就有这种事情，因为现在大家再也不相信政客、科学家、技师、传道士等等。所以，就会有人说"我要退出这一切，去当孤寂的托钵僧"。印度就有人这样。如若不然，你也许就省掉一切麻烦，日日随波逐流，任其自然。如若不然，你认为自己非找到出路不可，你就强迫自己，或者加入团体，然后自认为得到了极大的进展。大家现在是不是就这样子呢？

要是我有个女儿或儿子在这里，我身为父母就会很关心这一点。我会非常关心。布洛伍德就会非常重要，我会非常关心。你们都会上大学，然后得到学位，找到工作。不过这太简单了。这就是说，光找到出路并不就是万事解决。所以，我要是有个女儿或儿子在这里，我就会问他们在这一方面要怎样受教育。这一方面他们没有兴趣，而且这一方面人人都不重视，也没有人能够帮助他们了解。

所以，我会对我女儿或儿子说："听我说，注意听这一切，注意听世上的这一切喧嚣。不要偏向任何一方，不要急着做结论，只要注意听就行了。不要说其中的一种比另外一种好。它们都是喧嚣。所以首先要注意听。此外还要听自己的喧嚣，自己的喋喋不休，自己的希望——我要这个，我不要那个——弄清楚听是怎么一回事。不要别人告诉你，自己弄清楚。先和我讨论，弄清楚它的意思再说。

弄清楚思考是什么意思，你为什么思考，你思考的背景是怎样。观察自己，可是在观察中不要自我中心。观察的时候，要非常小心自我膨胀。”观察自己时，一不小心，常常很容易就自我中心。

如果我是父母，我会很关心怎样在这一方面教育人。这一方面大家都没有真正的了解，也没有人可以帮助我们了解。我会和儿女一起讨论，弄清楚你如何思考，为何思考，思考什么东西。这个讨论纯粹是要弄清楚你到底为何思考，不是要改变、压制、制伏你的思考。要质问你的思考！不知道各位有没有发现，大部分的书，所有的社会、宗教、道德、伦理结构，人与人之间的关系都是建立在思考上面。“这个对，那个错，这一点应该，那一点不应该”完全建立在思想结构上。我想弄清楚的是，把一切都建立在思想上，建立在我喜欢我不喜欢，我要我不要之上是不是生活之道。

一九七一年六月二十四日　布洛克伍德公园

克里希那穆提的教言和真理有什么关系？

一、克氏·真理·寂静·沟通·安全·危险·逻辑·知觉[①]

问一：我们可以讨论一下克里希那穆提的教言和真理的关系吗？

问二：真的有教言这种东西吗？还是唯有真理而已？

克：是否表达了真理？这牵涉到两件事。论者是讲出寂静的真理，还是误以假象为真理而讲出喧嚣的假象。

问：大部分人都是这样。

克：所以他到底是哪一样？

问：真理会和文字混淆。

克：不，文字不是真理。所以我们才说，他要不就是讲出寂静的真理，要不就是讲出喧嚣的假象。

问：但是因为大家觉得他讲出来的是寂静的真理，所以大家很可能会把他的话当真理。

克：不，我们慢慢来，这一点很有意思。我们要问，谁来判断？

---

① 本篇行文中的标题为中文版编者所加，为英文版原文所没有。

看到事情真相的是谁？是听的人，还是读者？你们很熟悉印度经典，熟悉佛教教义、奥义书，熟悉其中大部分内容，你们有没有办法判断？我们怎样才弄得清楚？你们听他讲这些东西，你们不知道到底他是讲出了寂静的非凡真理，还是只从饱受制约的童年所起的反应，等等。这就是说，他的话要不就是从他所受的制约讲出来的，要不就是从另外一边讲出来的。你要怎样才弄得清楚？这个问题，你们怎么处理？

问：面对那个教言的，是不是我内在的喧嚣，我可能弄得清楚吗？

克：所以我才问你们。你们是用什么标准，什么尺度去看，然后才说“是的，是真理”或“我也不知道”？我要问你们是哪一个。或者你们也不知道，所以也在探讨，在研究——不是研究探讨他讲的是寂静的真理，还是自己所受的制约，而是观察他的话实情如何？我也想知道他讲的是真理还是制约。因为我不知道，所以我就要去听他说什么，看看他的话是否真实。

问：可是，是什么东西在看他的话是否真实？

克：假设我们对事物总是很有感触。我们听这个人讲话，就很想弄清楚他的话是真理或者只是文字。

问：我一得到结论，说这个人说的是真理，我就不再聆听了。

克：不，我不知道。我的一生都在关心这个问题，不是几天，几年。我想知道这个问题的真相。他讲的话是出于经验还是知识，还是两者皆非？大部分人都是出于知识。所以我们才会这么问。

我不知道你们要怎样弄清楚。不过我要告诉你们我想怎么做。我会把他的人，他的影响力，他所有这一类的东西全部摆在一边。我不想受影响，我怀疑，我存疑，我很小心。我听他讲，可是却不说“我知道”，或“我不知道”，我存疑。我想弄清楚。

问：存疑表示你已经倾向于怀疑。这就是一种偏见……

克：噢，不是！我存疑，意思是我并非他说什么就接受什么。

问：但是你却倾向于怀疑。那是一种否定。

克：我宁可用怀疑这两个字，意思是质疑。我们就这么说。我对自己说“我有没有用我的偏见在质疑他”？我从来没有这样问过自己。现在我就来探索。我要把一切，把他个人的声望、魅力、外表全部放在一边。我既不接受，也不排斥，只想聆听，好弄清楚问题。我是否存有偏见？我是否带着所有的宗教知识，书上说的话，别人说的话，我自己的经验来听他说话？

问：不是。可能正是我已经排除了这一切，所以我才能听他说话。

克：我已经排除了一切吗？还是我依然带着那一切在听他说话？如果已经排除，那么我便谨慎地在听他说话了。

问：或许我还是带着我所知的他的一切在听他说话？

克：我刚刚已经说，我把他的声望排除掉了。我是否用从书本、从经验得到的知识来听他说话，所以我事实上是在比较，在判断，在评价？这样的话，我就弄不清楚他的话是不是真理。然而，我是否可能把那一切都丢开呢？我真的很热切地想弄清楚。所以，当我现在还在聆听时，至少暂时，我愿意把所知的一切丢开，然后才开始进行。我想了解，但我也不是那么轻易就可以说服，那么轻易让人家用论据、机智、逻辑说服什么事情。那么，我能不能完全放弃过去聆听他的话？必须这样。是不是？这样的话，我和他的关系就完全不同了。这样的话，我就是寂静地在听他说话。

这个问题很有意思。我已经自己解答了。这里有十几个人。你们准备怎么回答？你们怎么知道他说的是真理？

问：我不关心“真理”这两个字。你用这两个字，表示你有能力判断何谓真理，或者你对何谓真理已经有界定，或者你已经知道何谓真理。这表示你不会聆听别人说话。

克：难道你不想知道，他是否用饱受制约的心在讲话，因而变成一种反应，所以讲的是虚假的事情？

问一：我知道若要听人说话，就不能用饱受制约的心。

问二：另外一个问题是，我排除一切知识，寂静地聆听。那么，真理是否存在于那寂静当中？

克：我不知道。这也是我要弄清楚的问题。你们怎么回答这个问题？

问：首先，我觉得你对虚假的东西会很敏感。换句话说，就是能够看清事物的虚假、不着边际。

克：逻辑就可能很假。

问：没错，我不仅指逻辑，而且你可以对所有的沟通都很敏感，因而看到其中是否有欺罔。我想这里带出来的问题就是，你是否欺骗自己？

克：这样的话，请原谅，我还是要问，你怎样知道他说的是真理？他是不是只在欺骗自己，陷在假象里，自以为在说真理？你怎么解答？

问：我们要自己弄清楚，不能没有深入探讨就接受。

克：可是人欺骗自己的能力是很惊人的。

问：你穿越，然后超越每一层欺罔。

克：如果我不认识你，我也许会说，你听这个人讲话很久了，你怎么知道他说的是真理，你怎么知道其中的什么事？

问：我可以说，我一直在注意你的话。每次我都有机会考验其中的真假，都没有发现什么矛盾。

克：不是。我们的问题是，你怎样找到真理？不是弄清楚那些矛盾、逻辑等等。人的敏感，人的研究，人的探究，这些够不够？

问：如果你探究到底，如果你探究人所有可能的自我欺骗，探究到在那聆听的时刻，你感到自己有一种改变。那么，这或许不是什么全然的革命，可的确是改变。

克：你去散步，欣赏山水，心里很静时就可以这样。等你回到家，有些状况就发生了。你们了解我的话吗？

问：了解。我们听某人用知识讲话，再听你讲话，有个东西就完全不同。

克：你有回答我的问题吗？

问：有一个人写信给我，问我是否同意克里希那穆提的话。他说“他不是告诉你，要怀疑他说的一切吗”？我只能回答说“对我而言，那是自明的”。

克：对你也许是自明的，却可能还是假象。这种情形很危险，很微妙。

问：我想，就思想而言，这个问题根本无法确定。思想总是想要确定自己没有欺骗自己，而是在聆听真理。思想绝对不会放弃这个问题，但又触及不到，无法有所知。

克：我和波姆博士（Dr.Bohm）[①]曾经用另外一种方式讨论过这一点。如果我没有记错，我们说：有没有那种不是文字，不是想象，也不是诱导出来的寂静？有没有这种寂静？有没有从这种寂静发言的可能？

问：这就是说，言辞是来自知觉，来自寂静，还是来自记忆？

克：对。

问：这就是说，我们使用的言辞是不是在直接沟通，是否来自空性，来自寂静？

克：这是真实的问题。

问：就像我们常说的，鼓和鼓里面的空间共振。

克：没错。这个答案你满意吗？别人说的你满意吗？

---

① David Joseph Bohm（1917—1992）：量子物理学家、哲学家。

问：不满意。

克：那么你要怎样解答？

问：你使用的言辞本身就无法使人满意，并在知性上加以运用。满意与否和这些文字根本没有关系。

克：譬如说，我爱你，信任你。由于我信任你，你也信任我，不管你说什么都不会是说谎，我知道不论什么情况下你都不会欺骗我。对你不真实的，你就不会告诉我。

问：但我却可能因为无知而怎么样。

克：但是如果你信任我，我信任你。我们的关系彼此信任，依靠，亲善，互爱，好像刚结婚的男女一样。这时是否还会因为无知而怎么样？正如她说的，我可能会用逻辑，用理性，用这一类的东西欺骗自己。这样的人太多了。我也了解敬爱僧侣的危险，我知道他会随意地毁坏我。

问：对人有了感情，就会在他身上投射种种假象。

问：但我觉得信任、探索、逻辑等等，这一切和爱是在一起的。

克：但也很危险。

问：难道没有什么方法可以避免危险吗？

克：我不想陷在假象里。

问：所以，我们能不能说真理存在于你的教言所由出的寂静里？

克：可是我却想知道寂静从何而来！那也许是我自己发明的。也许我多年来一直在努力培养寂静的心。我制约我的心，把我的心关在笼子里，然后说“多么奇妙，我那么寂静”。就是有这种危险。逻辑就很危险。思想也很危险。我看到身边这一切的危险。我陷在这些危险当中，因此很想知道这个人说的话是不是真理。

问：你是说，我们的知觉必须很纯粹，处于寂静——真正的寂静，不是幻想的寂静——当中，才有办法逼近这个问题？

克：波姆博士是科学家、物理学家，思考很清楚，很有逻辑。假如有人跑去问他“克里希那穆提的话是不是真理”？他要怎么回答？

问：波姆博士，任何人，不是应该超越逻辑吗？

克：有人跑去找他，问他说：“请告诉我，我真想从你这边知道，请告诉我，那个人说的是不是真理。”

问：然后，你们是不是就要谈以逻辑为弄清楚事情的工具？

克：不是。我感兴趣的是，我听说有很多没有逻辑思考能力、粗心大意的人，都说他说的是真理。于是我就跑去找一个认真的、用字遣词很小心的思考者，问他说：“请告诉我，他说的是不是真理，而不是什么扭曲的、有所掩饰的事情。”这个人要怎么回答我？

问：前几天那个人说，也许你会陷入常轨，于是你就去正视这一点。然后呢？

克：我用各种观点正视它，然后认为我没有陷入常轨。但我还有可能是。如此这般，我详加检查以后，就放开了。你检查以后就任它去，会发生一个状况。一个新的东西会进来。

所以，现在我对你说：请告诉我，那个人说的是不是真理。

问：对我而言，那是一种实相。这种东西，我没有办法和你沟通。这是我发现的东西，所以你要自己发现。你必须用自己的心去试探。

克：然而，你可以替我引路进去。

问：我只能这么说。这种事情真的是不可能沟通的。

克：你会独善其身。

问：对我而言，我倒想知道他用什么东西寻找答案。是科学吗？是逻辑吗？是他自己的智慧吗？我很想知道他用什么东西回答我。

克：身为人类，你怎样在你的众心之心当中，知道他说的是真理？我想去感觉这一点。我反对逻辑等一类的东西。我以前就探究过这些东西。这样的话，既然这不是真理之路，什么才是？

问：有些人很聪明。他们谈的东西很类似，从知性上掌握这些东西掌握得很好，也说自己说的是真理。

克：没错。他们现在就一直在印度说："你就是世界。"这是最新的口号！

问：要沟通那种事情，我必须从你说的那种寂静发言。

克：不要。请单纯地对待我。我想知道克里希那穆提说的是不是真理。波姆博士和克里希那穆提认识很多年。他的心智受过精良的训练，很优秀。所以我就跑去问他。

问：他只能说"我认识这个人。他会影响我，就是在这一点。他改变了我的一生"。这个话有个东西突然就击中听的人的心。

克：我要直接的东西。

问：你说你要证明。

克：我不要。这个问题很严肃，不是奇怪的问题，不是知性的问题，非常重大。

问：我们可能得到答案吗？那个人是否一开始就问错了？

克：他有没有？

问：我想我可以告诉他说，我们是从空性讨论这些东西；我觉得那是直接的知觉。

克：是的。这个直接的知觉和逻辑有没有关系？

问：这个直接的知觉并非来自逻辑。

克：但是，你从头到尾都很逻辑。

问：后来也许是。可是那一刻却没有。

克：所以你是在告诉我说，因为我有直接的知觉，悟出他的话，所以我发现他说的是真理。

问：是的。

克：好，小心一点，因为我听过某个上师的徒弟就这么说。

问：我也听过一个上师说这样的话。后来我用逻辑去检查，发现那是胡说八道。我正视事实和逻辑，发现并不兼容。所以我宁可说，除了直接的知觉，我也一直用逻辑在检查。

克：所以，你是说知觉并没有使你盲目，你那知觉还是有逻辑的。

问：是的，逻辑和事实。

克：所以先是知觉，然后逻辑。不是先逻辑，后知觉。

问：对。本来就应该这样。

克：所以通过知觉，然后加上逻辑，你发现那是真理。可是虔诚的基督徒不就是这样吗？

问：逻辑还不够。我们还要看看人实际的行为。我发现基督徒都会说一些什么，可是证诸他们的所作所为，却不是那么一回事。

克：那里面不是有个东西很危险吗？

问：我相信是有危险。

克：所以，你是说我们必须在危险中前进。

问：对。

克：我开始了解你的话了。我们必须在充满危险，到处都是毒蛇、陷阱的地方前进。

问：这表示我们必须非常清醒。

克：所以，和他谈话，我已经学到这是一件危险的事情。他说，唯有真正准备在充满陷阱的地方前进，才能够了解克里希那穆提说的是不是真理。对吗？

问：对。

克：那个地方到处都是地雷，都是刀刃。你们是否已经准备在其中前进？我们的整个生命都在说“要安全”。

问：可是不管做什么事，那都是唯一之道。

克：我已经学会觉察身边的种种危险，随时面对危险，因而不再一味求取安全。也许有的人会说“这未免太超过了”，然后回头走掉。但这却是我要攫取的东西。所以,我们的心接受了几千年的制约，此时是否能够扬弃这些制约，然后说“我要走进危险的境地当中”？我们今天谈的就是这个。这个东西很合乎逻辑，可是就某种意义而言也不合乎逻辑。

问：原则上，那是科学家做事的方法。

克：是的，没错。这也表示我不信任什么人，什么上师，什么先知。我相信我太太是因为她爱我，我爱她。但这和我们说的这种东西也没有关系。

问："危险"这两个字也要解释一下。一件事,从一个观点看很危险，从另外一个观点看却不然。我必须探究一下。我受到的制约就很危险。

克：所以我们是在说："我在危险中前进，发现了这种危险的逻辑。因为知觉到这种危险，所以我发现克里希那穆提话中的真理。那里面没有安全，没有平安可言，可是别人都是要给我安全。"

问：安全变成了最终的危险。

克：当然。

问：你说的，事实上是科学方法。他们说的每一个说法都有错误的危险。每一个说法说出来都是这样。

克：完全正确。我学到的东西太多了。你们呢？一个人从西雅图，谢菲尔德，还是伯明翰来到这里，竟然有人告诉他："因为我有知觉，而且那知觉很合乎逻辑，所以我发现他的话是真理。"这完全合理。我在那种知觉中，看到我行进的地方到处都是陷阱，到处都是危险。所以我必须非常清醒。没有安全，就有危险。但是那些上师、那些僧侣都在提供安全。看到那样的不合理，我也接受这种不合理。

问：我不知道你是否可以说它不合理。它并非不合理，只是逻辑必须这样运作。

克：当然。不过，我们是不是在说直接的知觉，直接的悟，还有要把这个知觉、这个悟整理完善，需要相当的逻辑，需要清晰思考的能力？然而，清晰的思考能力并不会使我们悟。

问：但是如果逻辑不会使我们有所知觉，那么逻辑是干什么用的？

克：逻辑训练我们的心，使我们的心敏锐。不过，这当然还是不会使我们领悟。

问：知觉不是通过心产生的。

克：那要看你说的心指什么而定。逻辑使我们的心敏锐、清晰、客观、健康，但是不会给你另外一样东西。所以你的问题是：另外那一样东西如何产生？

问一：不是。我的问题不是这样。逻辑使我们的心清晰。然而心是不是知觉的工具？

问二：是的，我们是这样说的。逻辑清理掉我们心里的疑惑，清理掉我们心里琐碎的东西。

问一：没有逻辑，就会有这种琐碎的东西。

克：没有逻辑，你就会沉溺在这些琐碎当中。

问：如果知觉是真正的知觉，真理是真正的真理，为何还需要逻辑规则的检查？

克：我们说知觉会显得很合乎逻辑，但是并不需要逻辑。知觉不论做什么，都合理，都合乎逻辑，健全、客观。

问：知觉合乎逻辑，但它本来就没意图要使自己合乎逻辑。

克：对。

问：这就好比说，这里面的东西你都没有看错，你就不会在这些里面看到什么不合逻辑的东西。

克：好。知觉会不会永远排除疑惑、琐碎，使我们的心不再累积这些东西，因此不用再一直清理？这是你的问题，是不是？

问：我认为知觉可以达到不断清理那个地方的境地。我说它可以在某一刻达到这种境地。

克：我在某一刻可以有知觉。可是在一次知觉与下一次知觉之间，却有很多琐碎的事情累积。所以我们的问题是：知觉是否会持续不坠，因而不累积琐碎的东西？换另外一种讲法，是否一次的知觉就把心永远清理干净？

问：悟和知觉有不一样吗？

克：先不要有分别。把这两个名词视为同义词。我们要问的是，知觉是不是一次一次地发生，其间是有间隔的，间隔期间会累积很多琐碎之事，所以需要一直清理？还是有知觉就有彻底的清理，不再累积琐碎的东西？

问：你是说一有知觉，知觉就会永远在那里吗？

克：这是我在努力的。不要用"持续的"、"永远不再"这种字眼。谨记我们的问题是，有过知觉之后，我们的心是否还会累积琐碎、疑惑。唯有琐碎之事污损了知觉，知觉力才会受到影响。但是，既然已经有知觉，为什么还会有这种累积，这种聚集？

一九七七年三月二十二日　加州欧亥

二、知觉·悟见·行动·能量·要求·卓越·慈悲·智慧·无因无果

克：我们问，如何知道克里希那穆提说的话是不是真理。他也许陷在自己的假象、所受的制约当中而不自知，难以解除。所以他拼

凑了一些名相，一些观察所得，然后说那是真理。你怎么知道他说的是实在的，真实的，永久的？

波姆博士说，如果你对别人的话产生一种悟，一种直接的知觉，无疑那就是真理。有了那种悟以后，你可以用逻辑去检查、证明那是真理没错。可是，这种知觉到底是一时的、会间断的，所以会累积很多琐碎之事，还是一次的知觉已经足够？知觉是不是会打开那一道门，使我们的悟持续不坠？

问：这意思是不是你永远不再有疑惑？

克：对，我们讲到了要点。一个人有了知觉，有了悟，那个悟就有它自己的理解力、逻辑、行动。由于知觉在那一刻是完整的，所以其行动也是完整的。那么，如果再进一步行动，这个行动是否会搅混知觉？或者是只要有了知觉，就再不会有疑惑？

问：我想我们之前说过这里面有一种危险。如果你说："我的行动永远都是对的……"

克：噢，那很危险！

问：我们也说逻辑有它的危险。我们可能根本没有悟，却自以为有了悟。

克：假设我有那个理解的能力、行动的能力，然后说这是完美的、完整的行动。可是也有人读了薄伽梵歌以后，照着其中的意思去做，然后就说自己悟了。事实上，他们的行动是阅读的东西塑造出来的，却说自己的行动是完整的。我听过很多人说过这种话。譬如那些沉浸在《圣经》当中的天主教徒和新教徒就是这样。所以可见我们是涉足于险境，并且觉察到了其中的危险。

问：你还说我们的心在这一切当中，总是在寻求安全。

克：我们的心总是在寻求安全。如果这个安全可能不保，我们就会在悟、在直接的知觉当中寻求安全。

问：在虚假的悟当中寻求安全。

克：没错。把虚假的悟当做安全。第二个问题是，知觉是不是会经常中断？也就是说，一个人有一天看事情很清楚，有直接的知觉，可是不久这知觉消失了，他的心又开始疑惑。然后他又有了知觉与行动，接着又是疑惑，如此这般反复不停。是这样呢？还是只要有那深沉的悟，就永远不再疑惑？

问：我们是在说这个知觉是不是完整的？

克：是的，如果知觉是完整的、完全的，那么我们就永远不再有疑惑。但或许我们会欺骗自己，说那知觉是完整的，然后据此采取行动，于是又产生疑惑？

问：另外还有一种危险就是，我们的知觉，我们的悟是真实的，我们不愚弄自己，也从这样的悟采取某种行动。但不论这行动是怎样的行动，我们却可能陷入公式当中，因而不再有悟。姑且这么说，从真实的悟会产生行动。可是这以后，我们便开始认为那行动是理所当然。

克：常常会这样。

问：可是，不继续观察，却将行动塑造为一种模式，这不是知觉的腐败吗？这就像从屋内看窗外的景物一样。本来真的看到了窗外的一些东西，看了之后，却认为那些景物就是那个样子，就不再看了。但那些景物事实上是会变的。就像这样，知觉一开始是真实的，可是后来你却不再观察，不再有悟。

克：没错。科学家也会在某个特定的领域内有所悟见，然后他们会将这些悟见纳入和生活无关的科学范畴内。然而我们现在谈的这种知觉不但是行动领域内的知觉，而且是日常生活中的知觉。

问：是完整的，因而也是持续不断的。

克：是的。

问：但是，我认为我们还是没有讨论到"危险"这个问题。你说，有一天有个人来找你，说你或许已经陷入常轨当中。

克：对，陷在常轨当中。

问：可是，你没有马上回答"我知道我没有，因为我的悟是完美的"。

克：啊，这样的话就完了！

问：你说你回去观察了好几天。

克：当然。

问：我要弄清楚我们在说什么。也许我们是在说，有一种悟是不会退转回到疑惑的。但我们并没有说确实有这种悟。

克：对，没错。那么现在你会不会说，只要知觉是完整的——不是虚假的——就不会再有疑惑？

问：这样说似乎蛮合理的。

克：这意思就是，每一天都不再有疑惑。

问：这样的话，为什么你还会觉得需要观照？

克：因为我可能欺骗自己。所以那是危险的境地，我必须非常谨慎，必须好好看着。

问：所以我们现在是否已经有所悟见，看到有那样的悟就不会再有疑惑？但是我们却可能欺骗自己。

克：对。所以必须小心看着。

问：你的意思是，即使有真实的悟，还是可能欺骗自己吗？

克：不是。你有很深的悟，完全而完整。可是有人跑过来说："你在欺骗自己。"你会不会马上说"我没有欺骗自己，因为我的知觉很完整"？还是你会把他的话听进去，然后全新地看这个问题？这并不是说你要否定完整的知觉，而是要重新观照，看它是真是假。

问：那不一定是知性的过程吗？

克：不一定，不一定，我宁可说两者都有，既是知性的，又是不落言诠的。

问：知觉这个东西是一直都在那里，只是我们……

克：这样我们就走进了危险的境地。印度人说神永远都在你里面。那是深奥的、永存的神性，或灵魂，或 Atman[①]，只是给掩盖了起来。只要能够去除自己的疑惑、琐碎之事，就会在内在发现这个神性。大部分人都相信这一点。但我认为这在他们是一种结论。你可以下结论，说人的内在有一种神性或灵魂——你爱怎么称呼都可以。只是，由于这个结论，你就再也不会有完整的、全然的知觉。

问：这又产生一个问题。如果你否定产生知觉的可能，那么人还能依仗着什么东西急流勇退？你的意思是不是只有某些人才有办法？

克：你说"只有某些人"的时候，我觉得已经问错了问题，不是吗？

问：没有。假使人人都有可能……

克：没错，凡是人类都有可能。

问：全体吗？

克：人类。

问：这样说来，就是有一种能量……

克：不是在他们里面，就是在他们外面。

问：是的。我们不知道。

克：所以，不要下任何结论。如果你觉得从结论知觉到什么，这个知觉将是受到制约的，因此也是不完整的。

问：这意思是不是知觉没有拓深的可能？

克：悟是不能拓深的，知觉是不能拓深的。你知觉就是知觉整体，就这样。

---

① 阿特曼，亦即大我。

问：那么，你以前说我们可以一直深入我们的心是什么意思？

克：那是不一样的东西。

问：你是说，知觉若是部分的知觉，就不是知觉？

克：当然，显然不是。

问：你说到知觉之后仍然要留心。

克：事情是，有一个人跑来找我，向我说“你老了，早就陷在常轨中了”。我把他的话听进去，想了几天，观照了几天，然后告诉自己“他也许说得没错”。

问：你简直是在说那是可能的。

克：不，是我想要检查一下。我没说那可能或不可能。

问：知觉以后，陷入习惯里面——在某些层次上，绝对不会发生这种情形吗？

克：知觉有片面的知觉，完整的知觉——姑且这样分。知觉若是完整，就不会再有疑惑。

问：你不会陷入习惯当中吗？

克：你不会再有疑惑。不为什么，本来就这样。

问：如果我们的脑发生什么状况呢？

克：那知觉当然就没了。

问：所以可见你说的还是有限度的，因为我们是假设脑很健康来说的。

克：当然，当然是假设整个有机体很健康来说的。假设遭到意外，发生脑震荡，有东西受伤了，那知觉当然也就没了。

问：主要的危险，在于我们会把片面的知觉当做完整的知觉。

克：这必须先探讨何谓知觉。怎样才会有知觉？这很重要，不是吗？如果你平常的生活就很混乱、疑惑、矛盾，就难以有知觉。这太清楚了。

问：这个知觉难道不代表不断地更新吗？

克：不是这样。这股能量是外在的，还是内在的？她一直在问这个问题。

问：内在外在不是人为的分别吗？那是真实还是假象？

克：她说这种知觉需要能量。这种能量也许是外在的能量，机械的能量，也许是存在于内在深处非机械的能量。这两种都是思想概念。你同意吗？两者都是结论——也许是因为传统这么说，所以我们就接受，要不就是自己得到这个结论。无论如何，只要是结论，就会影响知觉。所以,知觉到底是什么东西？如果我执著于我的地位，我的美眷，我的财产，我能不能有知觉？

问：那些东西会污染"知觉"这个行动。

克：没错。不过我们看看科学家。他们有家庭、有执著的东西，也期望地位、金钱等东西，但他们还是有悟见。

问：那不完全。

克：所以，我们说唯有日常生活没有疑惑，才会有完整的知觉。

问：这一点，能不能再深入地讨论一下？纵使有那些疑惑，难道不可能把它们扫除，然后得到完整的知觉吗？

克：如果窗子不干净，我的视线就受阻，我就没有办法看外面。

问：这是不是说你的悟将是受制约的悟？

克：如果我很恐惧，我的知觉将是片面的。这是事实。

问：但是，你不是需要知觉来消除恐惧吗？

克：啊！但是要探究恐惧，我才会全然知觉恐惧。

问：确实。有恐惧，有执著，连逻辑都会扭曲。

克：我们也说过，人恐惧时会扭曲知觉。但是，如果能够探究，观察，进入恐惧，深入地了解恐惧，追究其实，我就会有知觉。

问：你的意思是说，你还是可以做一些事情，使你产生知觉？意

思是说，虽然你有恐惧，这个恐惧也造成了扭曲，但是这个扭曲却不是全面的，所以还是可以探究。所以，你虽然因为恐惧而对事情有扭曲，可是还是有产生知觉的可能？

克：我知道我因为恐惧而扭曲了知觉。

问：没错，然后我开始观照恐惧。

克：我探究，我注视恐惧。

问：起初，我除了探究恐惧，也会扭曲恐惧。

克：所以我守望着每一种扭曲，觉察每一种当下的扭曲。

问：可是你看，我觉得问题就在这里。如果我会扭曲事情，我如何探究事情？

克：等一下，听我说。我很恐惧，同时我也看到恐惧使我扭曲了事情。

问：但是必须恐惧先消失，我才看得到这一点。

克：不，我在观察恐惧。

问：但是如果我自己有恐惧，我就没有办法观察恐惧。

克：先看一个事实，也就是你很恐惧。你觉察到自己的恐惧。这就是说，你觉察到“有恐惧”这个事实。但你同时也在观察这个恐惧造成了什么状况。这一点清楚吗？

问：清楚。

克：你注视越来越深入，非常深入，于是你有了悟。

问：我也许会有悟。

克：不，你会有悟。这很不一样。

问：你是说这种由恐惧产生的疑惑不是全面的，所以人永远都可能有悟见。

克：对有在探究、有在观察的人是这样。

问：心里恐惧的时候还要探究事情，你会沦落在恐惧当中。然而

你还是有可能探究恐惧。

克：对，很正确。我们受苦，也在看这个苦造成了什么。观察，探究，打开，展开你的苦，于是你有了某种悟。我们就是这样说的。这个悟有可能是片面的。所以我们必须觉察它是片面的。它的行动也可能是片面的，但是看起来却像是完整的样子。所以你要看好。

问：因为你说"如果你会扭曲事情，你又如何看事情"？所以好像我们完全不可能有悟。但是你又说，事实上，如果有扭曲，扭曲就是你可以观照的一件事。

克：没错。

问：事实上，是你有那个能力。

克：我们都有那个能力。

问：你可以观照那个恐惧。制造扭曲的恐惧本身是可以观照的。所以，你不能说绝对不可能有知觉。

克：就是这样，所以是你一直把门关起来。

问：能不能说恐惧可以观照自己？

克：不是，不是。我们恐惧。你观照那个恐惧——是观照，不是有了悟——看到那个恐惧制造了什么东西，看到那个恐惧的行动是什么样的行动。

问：你是说觉察它，注视它。

克：觉察但毫无拣择。然后你看到恐惧制造了什么东西。再周详地，深入地，广阔地观照，突然你对恐惧的整个结构有了悟见。

问：可是，在那恐惧的一刻，我还是恐惧。

克：这和你怎样观察恐惧有关系，和你是以观察者的身份观察恐惧，或者观察者就是恐惧的本身有关系。你知觉到观察者就是被观察者。这个行动中有扭曲，有疑惑。你检查这种疑惑，在这个过程中产生了悟。这你只要做，自然就会看到，除非你划地自限，告诉自己说“我太害怕了，没有办法观察”，然后逃之夭夭。

问：我这样说或许太过简单，但是既然我们说窗子太脏，会扭曲视线，我们无法从窗子看东西，那么检查恐惧，检查制造扭曲的因素，就是在清洗窗子了。

克：你怎样探究，怎样观察，才是真正的事情。这就是说，只有观察者和被观察者没有分别时，才会有知觉。只有在探索的行动中，才会有知觉。探索意味着观察者和被观察者之间没有分别。因此，你守望着恐惧的运动，悟就在这守望中。我想这一点已经清楚了。

可是你们看，克里希那穆提却说“我从来不曾这样做”。

问：从来不曾做过这一切吗？这样的话，你怎么知道别人可以这样做？

克：就是这一点。我们来讨论一下。假设你从来没有经历这一切，可是一下子就看到这一切。由于你看到这一切，你的理解力就能解释这一切。另外一个人听了就说“我也要这样”。我不需要经历整个过程。

问：你是说我们现在讨论的这些，其实只是某个东西的指标？我们不见得要全部经过？

克：对。我想弄清楚这一点。

问：换句话说，这些东西在某个方面有助于清理那危险的境地。

克：对。

问：这些东西不是要点？

克：对。

问：你是说另外有捷径吗？

克：没有，没有捷径。你是必须经历那些恐惧、嫉妒、焦虑、执著呢？或者能够一举扫除所有这些东西？我们是不是非得经历这个过程不可？

问：你刚刚说你从来不曾这样做过。可是在那当下一刻全然的知觉当中，你却看到那些窗子脏了的人可以做什么事来清洗那些东西。但却不一定是这样。或许有一种立即的、直接的方法，那些没有……

克：不是。我们先提问题，再看里面会跑出什么东西。波姆博士对克里希那穆提说："也许你并没有经历过这些东西。因为你有直接的、全然的悟，所以你可以用理性，用逻辑去理解；你可以行动。你总是从全然的知觉当中讲话，所以你的话绝对不会有扭曲。"另外一个人听他这么说，就说："我很害怕，我嫉妒，我这样，我那样，所以我没办法有全然的知觉。"于是我观察执著或恐惧或嫉妒，然后才有了悟。

我们能不能通过探究，通过觉察，发现观察者就是被观察者，两者没有分别；这个探究的过程——我们观察，但没有观察者，因而看到全部的一切——是否能够免除其他的一切？我觉得这是唯一之道。

问：要没有恐惧、嫉妒、执著是不是可能？我们在某种环境下长大，我们上的是某种学校，这些东西是否就是我们所受制约的一部分？

克：不过，还有一些比较深的东西。你或许没办法完全意识到这些东西，完全觉察到这些比较深的恐惧。你会说"我很好，我没有这些东西"。

问：但是如果我们上的是某种学校，在那种学校进行学习和探究。这个学习和探究是否能够清理道路，让我们走向那个可能？

克：显然，我们是在说我们是不是一定要通过整个过程。

问：我们不能拿掉个人的观点吗？我们讨论的是攸关全人类的问题，不是个人的问题。

克：是的。是不是每个人都可以免掉这个过程？

问：你说"这个过程"，其中是否涉及恐惧？

克：涉及恐惧、悲伤、嫉妒、执著。你必须一步一步经过这一切，还是人可以一眼瞥见这一切东西？这一眼是否就是探究，就是完整的、全然的知觉？

问：你说第一步就是最后一步时，指的就是这个吗？

克：对，全然的知觉。

问：这样的话，对一个悲伤的人，我们的责任在哪里？

克：我们对那个人的反应应该是慈悲的反应。就是这样，其他没有了。

问：譬如你看到一只小鸟受伤了，要处理这个问题非常简单，只是举手之劳。如果你接触到的是人，就复杂多了，因为他的需要复杂多了。

克：这时，你实际上可以怎么做？有人过来找你，告诉你说"我很悲伤"。这时你是用慈悲心和他们讲话，还是用结论，用你悲伤的——制约了你的——经验和他谈话？依照自己所受的制约和他谈话？受到某方面制约的印度教徒会说"亲爱的朋友，我真感到遗憾，但是下一辈子你会好一点。你现在吃苦，是因为你这样，你那样"，等等。基督徒又是用另一种结论来反应。这个人也接受。人难过时总是需要安慰，需要有人把他的头抱在怀里安慰他。所以他寻求的其实是安慰，是避免痛苦。你是否愿意提供他避免的方法？不管什么东西，只要是出于慈悲心，都对他有帮助。

问：你是说就悲伤而言，你无法直接帮助他，然而慈悲的能量本身就对他有帮助吗？

克：没错，就是这样。

问：但是那么多受到创伤的人来找你，我觉得要怎样对待他们就

是个问题。

克：只要你有慈悲心就没有问题。慈悲不会制造问题。慈悲没有问题，所以才是慈悲。

问：你是说全然的慈悲是最高的智慧？

克：当然。只要慈悲，这个慈悲自然有它的智慧，这个智慧自然会产生作用。但是如果没有慈悲，没有智慧，那么你所受的制约就会使你——对方想怎样，你就怎样回应。这一点非常简单。

回到刚刚的问题，人类都必须经过整个过程不可吗？到目前为止，难道都没有人类说过"我不要，我绝对拒绝通过这些东西"吗？

问：可是人根据什么东西拒绝？如果是必然的，那么拒绝根本没有意义。

克：当然。你们看，我们都是习惯的动物。因为我父亲受到制约，历代祖先都受到制约，所以我也受到制约。而且我接受，我在其中运作，也用它运作。但是，如果你说"我再也不想以制约下的反应来运作"，就会产生另外一种东西。假设我了解到自己是资产阶级，我不想变成贵族或军阀，于是我便开始拒绝再做资产阶级。这并不表示我要变成革命分子。我拒绝再做资产阶级，于是产生了一种东西。我拒绝了整件事情。但你们知道，人类绝不会说"我要拒绝这件事"。我要探究这一点。

问：你的意思是，连说"我要去除这件事"都是不必要的？

克：当然。我的意思是"我不想再做资产阶级"只是言辞而已。

问：这个问题不是应该从欲望的某个地方来解吗？人都有追求安全，追求持续的欲望。

克：没错。资产阶级就表示安全、持续，就代表归属于某物，代表没有品味，代表粗俗，等等。

问：可是，克里希那吉，你要是说克里希那穆提从来没有说过这

句话，从来就不需要说这句话，那我们就不得不下结论说，你真是畸形。

克：不，不。你可以说他畸形，却没有解答问题。克里希那穆提说“我从来没有碰过这些东西”。另外一个人就说“为何我就要经过这些东西”？不要说克里希那穆提是畸形，要问为什么会这样。

问：因为说“我不想再做资产阶级”，你在自己身上发现了为什么。

克：不是，不是。这不一样。要是有人对你说“我不曾经历这种东西”，你会怎么样？你是说他畸形呢？还是说“真了不起，他说的是真理吗？他有没有欺骗自己”？你会和他讨论。于是，你的问题就是“为什么会这样”？你是人类，他也是人类；你会想弄清楚这个问题。

问：你问，我们是怎么不一样。他是不曾经过那些东西的人类，却指得出来。

克：对，他从来不曾经过那些事情。但是不要说他指得出来。你为什么不问：“为什么会这样？我是不是必须经历这些东西？”你有没有这样问？

问：你讲的是两个完全不同的东西。一个是没有污染的人，因为从来没有遭遇难题，所以也从来不需要经历这些东西。

克：为什么不需要经历，我们不谈。

问：可是大部分人，显然都置身于一种……

克：制约……

问：置身于一种污染当中——也许是恐惧，也许是别的什么东西。所以得了这种病——姑且这么说——得了这种病的人就说“这个人一辈子从来没有一天生病”。一个人既然已经生病，对他有益的就是去检查。

问：我们的问题是，一个生病的人，怎样才能直接挣脱，不必无

休无止地探索自己？

克：我们能不能换另一种讲法？你是否追求卓越——不是追求一栋建筑的卓越，而是卓越本身的真髓？这样的话，其他一切都会随之脱落，不是吗？也许你追求的是某一种事物的卓越，而不是卓越的真髓？身为艺术家，我追求的是绘画上的卓越，因而也深陷其中。若是科学家，则我又陷在另一种东西当中。若是一般的人类，不是什么专家，而是一般的、有智慧的人，不抽烟，不吸毒，很正当而聪明；他要是追求卓越的真髓，这种真髓会产生吗？不知道我这样讲是否传达了一些东西？

问：这个真髓是否独立于这样的显现之外？

克：先用心听我说，不要反对，不要排斥，也不要说什么如果、但是。要求卓越，这个要求和要求的方式本身就会创造卓越的真髓。你热烈地要求，要求最高的智慧，最高的卓越和卓越的真髓。这样，当你恐惧的时候，你……

问：这个要求从何而来？

克：要求啊！不要说什么“这个要求从何而来”？也许你有什么动机，不过要求的本身自会把这个动机淘洗掉。不知道这样说是否传达了一些东西？

问：你在说要求一种卓越，我们却不知道这种卓越是什么东西。

克：我倒不知道这个卓越以外还有什么东西，不过我却想在德行上卓越。

问：你指的是善吗？

克：我要求善上面的卓越，我要求善的卓越开展。这样的要求，其中就有在要求卓越的真髓。

问：知觉就是从这样的要求来的吗？

克：对，没错。

问：你能不能讨论一下你所谓的要求？

克：这个要求指的不是询问、探询、想望。这些都要排除。

问：都不是这些。

克：对，对。

问：但是这样的话，就倒退成为祈求了。

克：噢，不是。这些东西都要排除。

问：你实际上是说，对一般有智慧的人，这不可能是可能的？

克：没错，我们是这么说。这不是结论，也不是希望。我认为对一般的人类，非常清静的、正当的、慈善的、不是资产阶级的人，这是可能的。

问：传统上我们常常受到制约，认为只有某些特别的人才能够自觉全部的意识内容。所以我这样的人就很难感受到人可以完全免除那些东西。

克：你看，你并没有在听，克要对你说，请你先听我说，不要反对，先听听他讲什么。无上的卓越是人生很重要的东西。卓越有它的真髓。就这样而已。要求并不表示去要，去祈求，去从别人身上得到什么东西。

问：问题是，我们发现我们总是把要求和欲望混在一起。

克：当然。

问：绝对不能有信仰。

克：有信仰，就有欲望。

问：你们看，每当大家觉得想放弃欲望时，总有一种连要求也一并放弃的危险。

克：这一点该怎么说呢？我们来找适当的字眼。“热情”可以吗？追求这种东西的热情，追求卓越的热情。

问：这是不是说这种热情没有对象？

克：你看你那么快就做了结论。热情“燃烧”，不“为”什么。佛教徒对自己的观念非常热情。这种热情很卑下、狭隘。基督徒对传道工作很热情。这种热情是由爱耶稣而生来的，所以也很狭小，不是什么热情。把这一切都丢开，我说“热情”！

问：你刚刚说人都有憧憬，有梦想，这会发展出极大的能量。你现在却说会发展出极大能量的，不是憧憬，也不是梦想，而是知觉到卓越。

克：憧憬、梦想这种热情都会喂养自我，喂养“我”，自觉或不自觉地使“我”变得很重要。这些我们全部排除。一个少年，很热烈地希望成长为杰出的人类，原创性的人。

问：他看到那是可能的。

克：是的。

问：所以他有那个热情。

克：对，没错。那是可能的。这不就是大部分人类丧失的东西吗？不是热情，而是……什么东西的涌现。我不知道怎么讲。追求无上卓越的人类就有这种热情——不是他写的书内容有多卓越，而是他感觉到这种卓越。你们都知道这种东西，不是吗？这种东西会粉碎其他的一切。同理，这个人类并没有去要求；他说“我从来不曾要求”。

问：或许这是由于制约的关系。我们都给制约得很庸俗，制约得不去要求。我说庸俗是这个意思。

克：是的，当然。庸俗就是没有大热情——不是热爱耶稣，热爱马克思的热情。

问：我们不但给制约得很庸俗，也给制约在固定的方向。所以我们的要求总是有方向。

克：我们的要求就是一种方向，没错。

问：若要要求而没有方向……

克：没错。我喜欢“要求”这两个字，因为那是一种挑战。

问：要求而没有方向，不就表示那要求不在时间里吗？

克：当然。它不需要方向，不需要时间，不需要人。因此，全然的悟会不会创造这种热情？全然的悟就是这种热情。

问：两者不可分。

克：全然的悟就是这种热情燃烧的火焰，扫除所有的疑惑，烧掉其他的一切。这时你的作用不就如同磁铁一般吗？蜜蜂总是飞向花蜜。同理，你很热烈要创造的时候，不就会像磁铁一般吗？这是没有火的样子吗？这或许就是我们丧失的东西。丧失什么东西，我就会去要求。

问一：能不能谈一谈制约和没有制约的心有什么关系？我们是否只能要求卑微的东西，还是确实能够超越到比较大的东西？

问二：不论“我”要求什么东西，只要要求有方向，就是卑微的东西。

克：没错。

问：我们必须要求不受限的东西，要求不受制约的东西。

克：她确实在问受到制约和不受制约的心有什么关系。一个人受到制约，另一个人则否，这两个人的关系如何？这两个人没有关系。

问：你怎么说这两个人没有关系？

克：受制约的人对不受制约的人没有关系。不受制约的人对受制约的人有关系。

问：这样的话，照理说，我们就要问受制约和不受制约的人有没有什么根本的差异。你要是说有，就产生了二元性。

克：你说根本的差异指的是什么？

问：我们且说是种类的差异。受制约的人和不受制约的人要是有根本的差异，就会产生二元性。

克：我了解你的意思。甲受制约，乙不受制约。甲用二元性思考，他所受的制约就是二元性。但是二元性和乙没有关系，可是乙却和甲有关系。

问：因为没有二元性。

克：对。乙没有二元性，所以有关系。你还问了一个问题，他们两者有没有根本的、比较深的差异？两者是否一样？

问：我们能不能换个方式问？制约是否只是表面的东西？

克：不是。否则我们就失落了。

问：这个世界不可能不受制约，对不对？

克：这个世界就是“我”，“我”就是这个世界。

问：只有对不受制约的人，这才是绝对的事实。

克：噢，完全不对。谨慎一点，这个事实就是这样，很明显。

问：你的意思是唯有不受制约的人才知觉得到这个事实？

克：我驳斥这句话。我说根本不是这样。

问：我的意思是，也许我也会说“我就是世界，世界就是我”，可是我的行动却和这一点互相矛盾。所以对我而言，这不是绝对的事实。也许我只是偶尔看到这个事实。

克：对。你的意思是，我对自己说“我就是世界，世界就是我”时很清楚？

问：我看到。

克：我感觉到。

问：我感觉到，对。

克：但我的行动却和它互相矛盾，也就是说，我的行动是个人的，自私的——“我的”、“我”。这和“我就是世界，世界就是我”这个事实是矛盾的。有的人会说那只是知性上的结论，或是一时的感觉。

问：那不是知性的结论。我在说我的见解，但是我承认你的见解

完全不同。

克：不是，你不一定要承认。我们看事实，事实是，一个人说“我就是世界，世界就是我”时，我就没有了。虽然我的房子需要保险，我也许有子女，我必须赚钱谋生，可就是没有我。请了解这一点的重要。永远都没有我。我做事，可是却没有一个我在追求地位等这一类东西。虽然我已经结婚，我却不执著。我不依赖我太太或我先生。表面上，你也许会有我在运作的印象，但是对一个感觉“我就是世界，世界就是我”的人而言，却是没有我。对你而言，看着他，有这个我。那个人类活在这个世界，他需要食、衣、住、行、工作等等，然而就是没有我。

所以，一旦我就是世界，世界就是我时，我就没有了。那么这样的状态，这样的素质是否能够四面八方产生作用？它一定会四面八方产生作用。你说“我就是世界，世界就是我”的时候，就没有我，没有制约。这样我就不会问，在那不受制约的状态，受制约的人是否存在？一个人类会说“我就是世界，世界就是我”时，我就没有了。

问：所以，另外一个人也没有了，“你”也没有了。

克：没有我，就没有你。你要是问那种状态当中是否有受制约的人存在，你就问错了。我要表达的就是这一点。因为，没有我，就没有你。

问：问题是，另外那个人怎样看“你”“我”之间这个问题？他看到这个世界发生的一切，看到人都对这一切深感疑惑。

克：我存在，所以有你有我。在你，也是这样。所以我们老是抱持着这种分别。但是，如果你我真正了解，也深深领悟到世界就是我，我就是世界，这样，我就不见了。

问：没有我也没有你。“没有”代表一切。

克：生命的世界，一切。

问：这样的话，因为没有“之间”，所以也就不会有“这与那之间，不受制约与受制约之间有没有根本的差异”的问题。

克：对，没错。那种状态里没有“你”，也没有“我”。这种状态不包括受制约的状态。这样说会不会太抽象？

问：为什么要先说“我就是世界”，然后再否定？

克：因为实际如此。

问：但是这一来，你的意思就变成虽然我说“我就是世界”，但是“我”还是在那里。

克：这只是一个说法。我就是世界却是事实。

问：不论我说“我”是什么意思，“世界”两个字指的也是我。

克：对。

问：所以，我们根本不需要这几个字。

克：对，你和我，这些都拿掉。

问：有的只是一切。

克：不要，这很危险。你要是说我就是一切……

问：我想弄清楚你说的“世界”指的是什么。

克：你要是说我就是一切，那些凶杀、暗杀就成了我的一部分。

问：那如果我还是说“我就是世界”，那有没有一样？

克：好吧！我看到“我是这个世界的结果”这个事实。这个世界代表的是杀戮、战争，还有整个社会。我就是这一切的结果。

问：我看到每一个人都是这一切的结果。

克：对。我说“我”和“你”都是这一切的结果。

问：那种分别也是。

克：我说“我就是世界”就是在说这一切。

问：你的意思是，我从这个世界产生，我就等于这个世界。

克：对。我是这个世界的产物。

问：这个世界就是我之所以为我的真髓。

克：我是这个世界的真髓。那是一样的东西。深入地知觉这一点——不是言辞上，知性上，感情上，或是浪漫地知觉这一点，而是深入地知觉这一点——就不再有你有我。我觉得这很合乎逻辑。不过这里面却有一种危险，那就是，我要是说“世界就是我，我就是一切”，我等于接受一切。

问：你实际上等于是说我是整个社会的产物。

克：对。

问：然而我也是整个社会的真髓。

克：我的确是这一切根本的结果。

问：用“自我”（ego）这两个字可以吗？

克：没有关系。都一样。但是你看，你说“我”（me）或“自我”（ego）时，就有可能欺骗自己说“我”（I）是上帝的真髓。你们都知道那种迷信。

问：Atman。

克：对。

问：但是还有一个问题。不受制约的心是否也是这一切的产物？如果是，那我们就矛盾了。

克：没有，没有矛盾。不用“我”这个字，我们可以说“这”是世界的结果，“那”是世界的结果。你我是两个人类。这意思就是这个结果制造了“你”和“我”。然而，如果能够悟见这个结果，“结果”就没有了。

问：看清结果，结果就改变，消失。

克：也就是说结果没有了。所以“你”和“我”都不存在。对一个说“我不是结果”的人，这是真正的事实。你们知道这是什么意思吗？心里没有因，就没有果；这时的心就是完整的，其中不论生出什么行动，都没有因果。

问：你必须把这一点讲清楚，因为你还是用因果意指一般的、机械式的事物。

克：确实！这个人类甲是结果。乙也是结果。甲说“我”，乙也说“我”。所以就有了“你”和“我”。甲说“我看到了这个”，然后去探究，深入，然后有了悟。这一悟，两个结果都消失了。所以，那种状态是没有因的。

问：没有因，也没有果，却可能在心里残留一些东西。

克：我们来讨论这一点。那种状态没有结果；没有因，没有果。心出于慈悲而行。所以没有结果。

问：但是在一种意义下，看起来却像有结果。

克：然而慈悲是没有结果的。某丙很痛苦。他对甲说“请帮助我脱离这种痛苦”。如果甲是真正的慈悲，他的话就没有结果。

问：会怎样，但是没有结果。

克：没错。

问：可是，我觉得人总是会追求结果。

克：对。我们换另外一种讲法。慈悲有没有结果？有结果就有因。如果慈悲有结果，你就不再慈悲。

问：但是慈悲有所行啊！

克：慈悲就是慈悲，没有什么行不行。假如因为有因有果所以有所行，那就不是慈悲，因为它要结果。

问：它的行是纯粹的。

克：它要结果。

问：分别心使它想要有结果。一个人说“有个人很痛苦，我想产生他没有痛苦这个结果”。然而这却是建立在“我”和“他”的分别之上。

克：没错。

问：没有“他”，没有“我”。没有空间，没有地方放这个结果。

克：这真是不得了的事情！我们必须非常用心地探讨。是这样的，世界就是我，我就是世界。我说“我”，“你”就存在。我们两个都存在。这个“你”和这个“我”是人的痛苦、自私等的结果。都是结果。我们观察这个结果，非常深入地探讨这个结果。我们的悟创造了一种品质，其中作为结果的“你”和“我”俱不存焉。这一点嘴上同意很容易，但是如果你能够深入地看，就没有“你”，也没有“我”，所以也没有结果。这就表示慈悲。慈悲行之其上的那个人要的是结果。我们说“抱歉，不会有结果”。可是那痛苦的人却说“请帮助我挣脱痛苦”，“请帮助我，找回儿子、妻子”。他在要求结果。然而这个东西却没有结果。这个世界就是结果。

问：慈悲会影响人的意识吗？

克：会。慈悲会影响人的深层意识。“我”是世界的结果，“你”也是世界的结果。但一个人以深刻的悟所见及此，对他而言却没有“你”和“我”。那深刻的悟就是慈悲。慈悲就是智慧。这个智慧说，如果你要的是结果，我没办法给你，因为我不是什么结果的产物。慈悲说，这种状态不是结果，所以也没有因。

问：这是不是说，也没有时间？

克：没有因，没有果，没有时间。

一九七七年三月二十四日　加州欧亥

第二部
你就是世界

克里希那穆提一生的最后二十年继续把时间分配在印度、欧洲、美国之间，做公开的谈话，和小型团体对谈，与个人见面。这一时期极为重要的特点，就是在瑞士萨宁举行的聚会。这一项聚会举办了二十五年，也许是他一生国际性工作当中最引人注目的焦点。

他一生当中有六十几年，除了短暂的生病和退居休息之外，总是在接触众人。他的谈话和聚会一直持续举办，直到一九八六年二月在加州欧亥辞世为止。这个时期的信息和早年基本上是一样的：真理是无路可循的国度，每个人都代表整个的人类，我们必须去除所有的权威，做自己的明灯。这些教言，探讨了思想、时间、苦、死亡、空间、寂静、神圣等永久的主题。他的谈话和著作也触及了他一生工作的源头。有时候，他简直不愿意谈论这一些，因为担心刺激他人或变成他人逃避的手段。

他提出的宗教语言非常适合二十世纪。从诗意的抒发到字斟句酌，都传达了以前“神秘的”语言不足以表露的悟见和幽微之处。从一生的开始到结束，他令人瞩目的广深和多元的谈话却永远是和大家一起探究的过程。

克里希那穆提传作家之一的玛丽·勒茜兹(Mary Lutyens)曾经要求他说明信息的核心。他回应了这项要求。第二部就以“克里希那穆提教言的核心”(The Core of Krishnamurti's Teaching)这一篇摘录开始，然后是他在加州欧亥、瑞士萨宁、英国布洛伍德公园、印度新德里、美国华盛顿特区等地谈话的摘录。

第二部表达了克里希那穆提一生最后十年的工作。所有的主题都是典型的一开始就有的主题。然而表达的方式不一样。这使得他的教言永远都很适切。

克里希那穆提教言的核心

克里希那穆提教言的核心包含在一九二九年那一篇声明当中。他说："真理是无路可循的国度。"人不可能经由什么组织、信条、教条、僧侣、祭典到达这个国度，不可能经由什么哲学知识、心理技术到达这个国度。他必须从关系这一面镜子去寻找，从了解自己的心的内容、从观察去追寻，不能从知识的分析、内省的解剖去追寻。人在自己心里建立种种形象，凭借这些东西建立他宗教的、政治的、个人的安全感。这些东西形之于外，即是种种符号、观念、信仰。这一切形成的重担主宰了人的思考、关系、日常生活。我们的种种问题，这些东西即是成因，因为它们在一切关系上把人分隔开来。他对生命的知觉是那些早就存在心里的概念塑造的。这样的意识就是他意识的内容。这种内容，凡是人类都一样。所谓个别性仅存在于姓氏、形体，以及从环境习得的肤浅文化而已。但是个人的独特并不在于表面，而在于全然地免除那些意识的内容。

反应不是自由，选择也不是自由。人要是因为能够选择，而认为自己自由，那是一种造作。自由是纯粹的观察却没有动机。自由不在人的进化结束以后，却在于他生存的第一步。因为观察，所以开始发现自己缺乏自由。毫无拣择地觉察日常生活，才能找到自由。

思想就是时间。思想由经验而生，由知识而生，这些东西和时间不可分。时间是人心理上的敌人。我们的行为建立在知识之上，就是建立在时间之上。因此，人永远都是过去种种的奴隶。

人如果觉察到自己意识的变动起伏，就会看到思想和思想者、观察者和被观察者、经验者和经验之间的分别。他会发现这种分别其实是假象。这样他才会有纯粹的观察。这种观察就是悟，而不为过去种种的阴影笼罩。这种不落入时间的悟，将深远而彻底地改变我们的心。

肯定的真髓在于全然的否定。否定所有不是爱的东西——欲望、快乐等等，才会有爱，以及爱的慈悲与智慧。

一九八〇年十月二十一日　英国伦敦

全然而无悔的行动

一、思想与智慧[①]

思想创造了这个世界，创造了这个政治、经济、商业、社会道德及一切宗教建制的世界。我们所有的问题，所有寻求解答的欲望，都在这个意识之内，在这个思想创造的领域之内。思想在个人关系上，在我们与社群的关系上制造纷乱，然后又想为这一团纷乱寻找解答。你打坐，你的神，你的基督，你的佛……即使是这些，也都是思想的造物。思想是质量，只能在时间当中运作。我们认为通过思想，通过意志、野心、驱使、侵略，用新宗教代替旧传统，便可以解决个人关系上的问题。

思想的运作是否能够替这一切问题找到解答？如果不能，那么什么东西能？

何谓意识？何谓思想的运作？你的冥思完全在这个领域之内。你的快乐，你的恐惧、贪婪、嫉妒、残酷、粗暴也全在这个领域之内。

① 本篇行文中的标题为中文版编者所加，为英文版原文所没有。

然而，思想又常断言有那不可说者、不可名者、不可知者，想要超越这个领域。可是，意识，其内容就是意识，就是你的意识，别人的意识。假设它生在印度，那个国家一切的传统、迷信、希望、恐惧、悲伤、焦虑、残暴、性的需求、侵略性、信仰、教条等便是它意识的内容。这种意识的内容，不论你出生在东方还是西方，总是非常类似。

可能的话，请看看自己的意识。如果你是在基督教这样的宗教文化下长大，你就会一方面相信救世主、祭典、信条、教条，另一方面接受社会的败坏、战争、国籍分别，接受这一切分裂之物影响经济成长，否定他人。你的不快乐、野心、恐惧、贪婪、侵略成性，种种需求、孤单、悲伤，和他人没有关系、孤立、挫折、疑惑、痛苦就是你意识的内容。不论你是东方人还是西方人，这就是意识，即使有些差异，有些喜悦、知识多寡的差别仍然一样。没有这些内容，就没有我们所知的意识。

我们的教育全部建立在获得知识，获得信息上面，又完全在这个领域内运作。所有建立在新哲学上面的政治改革，仍旧是这个领域内发明的东西。所以，人照样苦，照样不快乐，孤单，怕死又怕生，老希望有什么伟大的领袖、新的救主、新的政客来解救他的痛苦。在这样的疑惑当中，我们变得很没有责任感，于是出于自己的混乱，我们便制造了暴君，希望他能够为我们这个领域创造秩序。这就是我们内在和外在发生的一切。然而，不论选择的是哪一个领袖，这个领袖和我们仍旧是一丘之貉。我们绝对不会选择和我们完全不同的人。内外在的冲突、挣扎、对立，令人厌恶的自私——这就是我们生命的真实景象。

这个世界有那么多哀伤的事情，因此，我们有必要以谨慎的、缓和的、耐心的、反复的探究弄清楚除了思想的运作之外，是否有什么方法可以解决这些问题，是否有什么行动不是建立在思想之上？是否有一种智慧不是思想的运作或结果，不是思想拼凑而成，不是由诡诈而生，不是由摩擦与斗争而生，而是全然不一样的东西？

要沟通，不但要聆听论者讲什么，还要聆听“听”这个行动。我们怎样聆听？我们是否真正聆听过？我们是在自由地聆听，还是在思想狡诈的运作下聆听，在成见或自行解释下聆听？我们若是自由的话，就必须聆听自己意识的内容，不只是聆听表面的东西——这太容易了——而是要聆听其深层的东西。这就表示要聆听意识的整体。

我们怎样听，怎样看意识？

论者出生在某个国家，在那里，身为婆罗门，吸收了那个国家所有的一切成见、非理性、迷信、信仰、阶级差距。那年轻的心吸收了那个团体施加给自己的传统、祭典、正统、戒律。后来他来到西方，又吸收了那里所有的一切。别人灌输给他的一切，他自己学习的，他的思想，他的思考能够认识的感情，就是他意识的内容。这就是这个人的内涵和意识。他在这个领域之内有他所有政治的、宗教的、个人的、社群的问题。所有的问题都在那里。因为自己解决不了，所以他就找书，找别人，问怎么办，怎样打坐，怎样处理他和妻子或女朋友或父母的关系。他是否应该相信耶稣、佛陀，相信那新来的、满嘴胡说八道的上师？他追寻新的生命哲学，追寻新的政治哲学，不过却都在这个领域之内。

从无可记忆的时间以来，人就一直是这样。不过，那个领域之内却找不到解答。你可以有办法用某一种姿势打坐几个小时，用什么方法呼吸。不过，这仍然是在那个领域之内；因为你对你的打坐有所求。

所以，我们有的是这样的意识内容，这样呆滞、愚蠢、传统的思想，认可自己所有的感情，除此之外，其他的就不是感情。永远都是思想，也就是记忆、知识、经验运作而生的反应。那么，我们的心有没有办法观察思想，有没有办法观察思想的运作？

你观察的时候，那个观察意识内容的观察者是谁？这个观察者和意识内容本身是否有分别？这个问题非常重要，所以寻找答案也非常重要。观察者是否和那内容有分别，所以能够改变它，超越它？他是否和内容是同一个东西？首先，是这样的，如果观察者——那个观察的"我"——和被观察者有别，那么观察者和被观察者之间就有了分裂，于是就产生冲突。"我不可以这样，我应该那样"，"我必须去除我的成见"，可是又接受新的成见，"我必须扬弃我的神"，可是却立刻相信新的神。所以，只要观察者和被观察者分裂，就必然有冲突。这是原理，是定律。因此，我观察意识内容，观察其中的片段，把这些片段改变，移动到别的地方时是外人呢？还是，我这个观察者、思考者、经验者和那被观察者、那思想、那经验是一样的东西？

如果我是外人在观察自己意识的内容，那么这个观察者和被观察者之间就必然会产生冲突。"必然"会有冲突。我们就是活在这种冲突当中，活在所有的"我"、"不是我"、"我们"、"他们"当中。如果"我"这个观察者和愤怒有别，我就会想去控制、克制、主宰、克服，于是就产生冲突。可是观察者到底是不是有所别？是否和被观察者根本是一样的东西？如果是，就不会有冲突，不是吗？了解这一点就是智慧。然后，运作的就是智慧，而不是思想。

要是不了解这一件简单的事情，实在太可怜了。人总是活在冲突当中。他想通过冲突得到和平。可是，不论你用多强的武装对抗他人同样强大的武装，通过冲突绝对不会产生和平，绝对不会。智慧产生作用才会有和平。了解观察者和被观察者之间没有分别，才会有智慧。悟见这个事实，这个真理，才会有智慧。

这件事很严肃；因为唯有如此，你才会知道你根本没有国籍。你也许有护照，可是却没有国籍。你没有神，没有外在的权威，也没有内在的权威。所以智慧是唯一的权威。这种智慧不是思想狡猾的智慧。思想只是某个领域内运作的知识，并不是智慧。

所以，检视意识的时候，第一个要了解的事情就是，思考者和思想，观察者和被观察者，经验者和经验之间的分别是假的；两者之间其实是一体的。你不思考，就没有思考者。思考者是思想创造的。这是首先要了解，要悟见其真理、其事实的一件事。这件事犹如你坐在那里一样真实。了解这个事实，观察者和被观察者之间才不会有冲突。

因此，你的——表面的和隐匿的——意识内容是怎样？你是否有办法观察，但又不刻意？

若不是光坐在那里，你们可以从人我关系中弄清楚这个东西。关系是一面镜子，你们可以从里面看清楚这个东西，而不是闭着眼睛，或是跑到树林里冥思就可以。你可以从你和男人、女人、邻居、政客、神、上师等的关系，观察自己的反应、态度、成见、想象，还有你那持续不断的摸索。意识的内容就在这一切里面。你现在所做的只是犁田而已，必须等你观察你的关系，才是在播种，然后你才会看到实际发生的状况。你可以尽情地看，因而看出种种特质和倾向，不过，如果你是以观察者的姿态来看一些和你有别的东西，你就注定要制造冲突，因而也制造痛苦。但是如果你能悟见观察者就是被观察者，如果你能看见这个真理，那么冲突将完全止息。于是一股完全不同的能量便开始产生作用。

能量有很多种。有从良好的食物产生体力的能量；有感情、情绪产生的能量；有因为种种冲突、紧张，而由思想制造出来的能量。我们活在这个能量场，又想在这个能量场内找到比较大的能量来解决我们的问题。但是，我们的心必须在智慧的领域完全运作，不是在思想的领域运作，才会有不同的能量，或者说，才会有这种能量的延续。

我们的心是否能够毫无拣择地观察其内容，不拣择其中任何部分、任何片断，完整地观察其内容？怎样才能够完整地观察？我从英国越过英伦海峡，来到法国。我展开法国地图，看到有一条路通往葛斯塔。从地图上，我可以看到方向，看到里程数。这一切都很简单，因为都注明在地图上，我遵循即可。因为这样，所以我不会看地图的其他部分。我已经知道我要走的方向。这个方向排除了其他的方向。同理，我们的心若是追寻某个方向，就不会再看整体。我想找一样我认为是真实的东西，这就决定了一个方向。我遵循这个方向，我的心就再也看不到全体。现在，我看着我那和你一样的意识内容，决定了一个方向——我决心要超越它。一个运动朝着某个方向，追求某种快乐，想这样做，不想那样做，都使我们看不到整体。我是科学家，我就只看到某个方向。我是艺术家，我也只看到另外一个方向。我要是有某种才能,我也只看到某一个方向。因此，只要有个运动朝着某个方向而行，我们的心就看不到整体，看不到整体的广大。这样的话，我们的心到底能不能够没有方向？

这个问题很难，请注意听。如果我要从这里走到那幢房子，如果我要开车外出，如果我要执行某种技术功能，我心里当然要有个方向。但是我现在讲的是了解“方向”本质的心。心了解方向的本质，也就能够看到整体。能够看到整体，自然能朝着某个方向运作。我心里看到了全部的情景，自然就了解细节。如果我的心只操作细节，自然没有办法了解全体。我要是只关心自己的看法，自己的焦虑，只关心自己想做什么事，一定要做什么事，我就看不到整体。我要是印度人，我就怀有印度人的成见、迷信、传统，于是我就看不到整体。所以，我们的心是否能够免除方向？这意思并不是说心要没有方向。

我们的心要是能够依据整体运作，方向就会很清楚，很强，很有效能。但是如果它根据自定的模式，只朝某个方向运作，就看不到整体。

我的意识有我意识的内容。这个内容创造了我的意识。那么，我们的心是否能够完整地看这个意识内容？能不能只是看而没有方向，不做判断，毫无拣择？毫无拣择就表示完全没有观察者；因为观察者属于过去种种。我们的心是否能够用智慧来看？智慧不是由思想拼凑而成，思想属于过去种种。做就是了。但这需要很强的纪律。不过，这个纪律并不是克制、控制、模仿、附和的纪律，而是本身就是行动，其中存有真理的纪律。真理的运作会创造自己的行动，这行动就是纪律。

你和别人讲话时，你的心能不能从你的姿势，你走路的样子，你的坐相，你的吃相，你的行为观察你意识的内容？你的行为不论是出于快乐，出于奖赏，出于痛苦——这些都是意识的一部分——都会表现出你意识的内容。心理学家说，到目前为止，我们接受的教育都是依据赏罚原理、天堂与地狱原理。他们说，我们应该只用奖赏原理，也就是只赏不罚来教育。但其实这是同一回事。了解赏罚的荒唐，才会了解整体。看见整体，你一行动，智慧就开始运作。这时你的行为就不是依据赏罚而行。

行为会显露你意识的内容。你可以躲在漂亮的行为后面，躲在用心排练出来的行为后面，不过这样的行为却是机械式的。这就产生了一个问题，那就是，我们的心是不是完全机械式的？我们的脑是否有什么部分全然不是机械式的？

回到我们刚刚的问题：我们的外在，政治的世界，经济的世界，宗教的世界，社会的世界等，人类在这些世界当中一直在追寻。我们有神，有新的上师，新的领袖。你仔细观察这一切，就会发现人一直在思想的领域内运作。然而，思想根本就不自由，永远都是陈旧的，因为思想是作为知识和经验的记忆所生的反应。思想是质量，属于物质世界，却企图逃脱物质世界，进入非物质世界。不过，想借思想逃入非物质世界，仍然还是物质。不论个人还是集体，我们有种种道德的、社会的、经济的问题。基本上，个人本来就是集体的一部分。个人无异于集体。他或许有自己的倾向，自己的职业，自己的心情，等等，但是他本来就是文化——也就是社会——的一部分。

这一切是我们周遭发生的事实。我们内在发生的事实也非常类似。我们想借思想——希腊人施加给西方人的思想，连带其政治哲学、数学等等——为人类重大的问题寻找解答。然而思想从来不曾替我们找到答案，也永远不会替我们找到答案。所以我们必须深入探讨思想的整个架构，还有思想塑造为意识的那些内容。我们必须观察思想在我们的种种关系和日常生活上的运作。这种观察，意味着我们必须悟见“观察者和被观察者有别”是不是事实；因为，若是事实，必然会发生冲突，一如两种意识形态间必然会发生冲突一般。意识形态是思想发明的东西，是思想在其中发展的文化制约出来的。

那么，你是否能够在日常生活中观察这一切？你将在这样的观察中弄清楚自己的行为是怎么一回事，不论我们的行为是不是建立在赏罚原理上都一样。但是，我们的行为，不论怎样矫饰、改良，大部分的确是建立在赏罚原理上。我们将从观察开始学习真正的智慧是怎么一回事。这个智慧，不是从书本、从经验得到的智慧。从书本、从经验得到的智慧绝对不是智慧。智慧完全无关乎思想。我们的心看到了整体，看到了那绵延不尽的整体，而不是看到“我的”国家，“我的”问题，“我的”小小的神，“我的”冥思的时候，智慧就开始运作。这时，我们的心才看到生活的全部内涵。这种智慧才有它庞大的能量。

一九七四年七月十四日　瑞士萨宁

二、能量与智慧

我们说，我们内在外在的世界都处于混乱的状态，而我们那些政客、领袖、僧侣都在思想的领域内，替我们的问题找答案。千百年来一直是这样。可是我们看到人依旧痛苦：战争连年不断，政府或多或少都很腐败，政客玩弄诡诈的游戏，意识形态和制度僭越了道德与智慧。客观地，没有偏见地，不投身于任何意识形态和制度地看到这一切，我们发现思想是分裂的东西，思想卓越不必然就行为卓越。

我们很关切一件事。这件事，我们必须深入地探究，言辞或非言辞上尽可能深入地探究。这需要非常的谨慎、用心、细心，需要一种紧密沟通的感觉，需要你我共同分享这个东西。你的分享并非只是听人讲一大堆文字、观念、概念而已，这个东西并不是一些让你同意或不同意的观念或概念。你必须用全部的心，全部的脑，全部的能量参与其中。这样认真地关切和承担才会揭开很多东西——不但找到思想及其危害的源头，而且也找到行动的源头。

我们依靠行动而活。我们无法避免行动。你可以遁入寺庙，宣誓守戒以逃避人世，不过这仍然是行动。你也许专长于某个领域的东西，使你的才能或事业得到发挥的机会，这也是行动。你和他人的关系也有行动。生命之动就成为行动。

以目前的文明而言，思想产生的行动总是冲突、矛盾、对立，因而也制造了极大的危害和痛苦。思想的卓越——进而形成行动的卓越——是否可能？思想产生的行动是否永远都有冲突？这是你的人生。如果你愿意从了解你的人生、你的行为、你的关系、你的疑惑，去弄清楚怎样才能在每一个层面都行动卓越，那么你要问的就是，有没有一种不会被思想分裂的行动。思想的本质就是片面的。然而，你却想用思想在每一个层面，寻找不矛盾、不后悔、整体、全体、完整的行动。但有没有一种行动是无上的卓越，却不是以思想的运动为基础的？

我们的生活依赖思想，全部的社会道德也依赖思想，但思想为什么是分裂的？思想是质量，是过去种种生出的反应。思想会制造昨天、今天、明天这种时间的运动。思想的源头和根源都在过去，必然会把时间塑造为一种运动。我们从思想的本质，从它的运动方式和结构，就知道思想根本存在于过去。思想活在传统当中，活在社会累积的知识当中，活在庞大的科学知识当中——这一切尽属过去。思想基本上就是起自于过去的运动，所以必然也是分裂的。思想可以假装、思维、构想自己超越时间，可以想象无时间的状态，不过这仍然是思想；可以假装超越自己的局限，可是这还是思想。所以，思想会在时间上划地自限。这就是制造分裂的因素。

每个人都是在思想的领域内长大的。我们的教育是思想的运动，是追求更多的知识，是思想的改造。思想，因为是分裂的，所以不论创造什么行动，都是片面的，才会酿成冲突。这是一个原理。据我们所知，历史上，人就是活在一连串的危机和反应当中。这种危机与反应不可避免地制造了更多的冲突。在现代世界也看到了这种情形。我们有的是这样的危机：思想努力要解决危机，但是就为了解决危机，制造了更多的问题。某个国家一方面提供武器给他国，一方面知道这样只有制造更多的麻烦而已，如此这般，循环不止。

所以，思想是否可能创造全然的、完整的、健全的、不矛盾的行动？我们的生活本身就是矛盾的。我们各自活在不同的层面——商业、家庭、科学、宗教或艺术——每个都专精于自己的部门，每个都互相对立。专精变为排外，排外变为矛盾，矛盾变为破坏。思想为了在自己的行动中卓越，日渐专精，因而也制造了更多的冲突，更多的分裂。每一种专精都有一个野心勃勃的目的；每一种生涯都有它的利益；但都是矛盾的，与情感、关怀、体贴对立，与爱对立。看着这一切，我们不禁要问是否有一种行动是完整的，不片面的，无悔，无满足感，也没有挫折感？

是否有这样的行动？我们的一生都在问这个问题；因为，我们不论做什么事，都会带来痛苦，带来疑惑，或者追求利益时带来分裂。所以，我们不可避免地，很自然地，很合乎逻辑地要问到底有没有不是由思想的运动而生的行动。

我现在好像要讨论一件和这个不一样的东西，其实不然。我们需要能量。我们有生理的能量、感情的能量、怨恨的能量、情欲的能量、热情的能量，也有因为挫折感、分裂、不满足而生的极度紧张的能量。等到年纪大了，身体不好了，开始有疾病、痛苦，能量便逐渐消失。我们的能量大部分都是冲突——我这样，但我“应该”那样——的产物，惊吓以及企图往某个方向前进的侵略性欲望的产物。献身于一种理想也会产生能量。他们可以为自己认为正确的事情屠杀几百万人。理想会给人极大的能量。圣人，当献身于一种理想、一种憧憬、一种想象、一种公式时，就有极大的能量。理想主义者都有极大的能量。任何一种专精，都需要能量。你越专精，就越有能量。我们在自己身上所见如此，外在所见也是如此。

思想会创造自己的能量。譬如潜水艇，要制造这么神奇的机器，需要极大的能量与合作。这个能量是由观念，从有组织的思想产生的。然而这种能量——按照能量这两个字深刻的意义而言——却是破坏性的；因为这种能量是分裂的能量。

那么，有没有一种能量是没有破坏性，不分裂，不机械化，不建立在理想或意识形态之上的？有没有一种能量完完全全不如思想、运动般涉入时间领域？

生活就是行动。生活的本身，一切的关系，都是行动，都是行动中的运动。这个运动，这个行动，建立在思想之上。我们的眼前，一切政治的、宗教的、社会的、经济的生活，还有道德的相对论，全部建立在思想之上；但思想却是分裂的、矛盾的、制造痛苦的。那么，有没有一种行动是完全和这一切没有关系的？要弄清楚这一点，就需要能量。这里所需的能量并非只是知性，连带知性累积的所有知识的能量；也不只是感情的能量。感情的能量思想可以辨识，所以仍然是思想的一部分。这个能量，是要使我们的心的整个过程完全转变的能量。要深入探索是否有一种不是建立在思想运动上的行动，你需要极大的能量。这个能量不是寻找目标的能量，也不是朝某个方向前进的能量，而是改变意识内容的能量。

换另外一种讲法。如果我们还清醒，有觉察力的话，那么观察、聆听、注意自己的行为，知道自己意识的内容。想改变这个内容，就是往某个方向前进的运动。这的确会给我们能量，不过这是分裂的能量。可是我们都知道，除非想让全人类毁灭，否则就必须彻底改变意识的内容，不能再这样下去。内容制造意识。所以，内容彻底转变，就会有不一样的——我不说它是意识——就会有完全不同的水平。要创造这种改变，需要极大的能量。

所以，我们必须免除方向。请各位了解这里面的逻辑，了解唯有这样才是健全的。我们必须免除结论。结论虽然能够给我们方向，它的能量却很浪费。我们的心必须免除思想所生的反应，免除理想，因为理想也是方向。我们的心，必须免除国籍、种族、宗教等一切思想的分裂运动。

那么，你的心有办法免除这一切吗？如果没有办法，随便你爱怎么样就怎么样——也许你可以倒立一万年，再打坐一万年——你就是找不到那个东西。

所以，我们的心是否有办法看到理想的愚蠢和不智？有没有办法看到其中的真相，而非嘴巴上说一说，然后就丢开不管？看到理想的真相，就能够免除理想——不是用逻辑或历史学眼光看一件事，而后排除那件事那样的免除；而是像看到东西有毒，把它丢掉那样的免除。因为智慧看清追寻理想的愚蠢，所以免去了冲突。你有办法使你的心免除这一切吗？

但你是一次免除一项呢，还是一次全部免除？如果你是一次免除一项，这就需要极大的能量——看到国籍的愚蠢，于是扬弃国籍观念。再看到理想并不能引导我们前往什么胜景，只会制造冲突，于是扬弃理想。你是否要这样一层一层地解放你的心？这需要时间，需要分析的工夫。传统的说法总是说你必须一步一步来。你必须先去除某样东西，要能控制身体，呼吸正确。不但传统这么说，现代的心理学家也这么说：你必须一步一步来，要分析，要一层一层地剥除。你可以经年累月，一直到死仍然在这样。然而，你要经年累月通过这个过程吗？这不是浪费能量吗？是的话，心要怎样才能够把自己的内容一次倒空，使自己拥有全新的能量，全新的生活？有没有什么方法，可以完整地看待心里的一切，然后全然地解脱？

我的心和你的心，内容都一样。你的意识，容或有些修正，较有变化或没有变化，容或较细腻或不细腻，较有才能，如何如何，但和我的意识多多少少是一样的。我们的心觉察到这一点，然后说“我要怎样才能够觉察其整体——不但觉察意识，也觉察潜意识？”我知道不论意识或潜意识，我都可以一层一层地剥除。我知道我可以慢慢来，一边分析着通过这个过程，一边知道分析的危险。我可以这样做。这是传统的、公认的做法。我知道这会花掉无限的时间，因为，分析的每一步都必须很准确，否则下一步就跟着错误。每一步分析都必须完全、真实、究竟，否则我就迷失了。而且那分析的人又是谁？那分析的人不就是被分析的东西吗？所以我知道它是成不了什么事的。

所以我该怎么办呢？我的心，既已看见这一切的荒唐，该怎么办呢？

而且，我们的心是真正看到这一切的荒唐呢，还是因为别人说它荒唐，所以想象自己看到其中的荒唐？我们都是二手人。所以，当我说它荒唐时，我是否在接受别人的权威？我说它荒唐是言辞上的断言，并没有什么实相可言。那种接受是无效的，根本不会产生结果。因此，不论那权威是传统的权威，还是出于欲望和自私培养出来的权威，我的心都拒绝权威，拒绝那个断言“我知道”的权威。我的心完全拒绝权威。显然不是拒绝法律的权威，而是拒绝别人加诸你的心理的权威。这个人，因为你的疑惑，你需要有人帮助你解除疑惑，所以在告诉你该怎么做。你出于自己的混乱制造了权威。有史以来一向如此。凡有混乱之处，就有人跳出来强制制造某种秩序。这种秩序其实是全然的混乱。所以，既已看到权威的真相，权威的意义，权威的本质，我们的心是否能够把权威弃之一旁？这样的弃之一旁，不能只是我们平常那种反权威的反应，因为，如果你对权威生出反应，这样的反应只会制造另一种权威而已。这一点很明显。

心，你的心，是否能够免于传统的分析法，不用内省地试图改善？因为你已经看到“免于权威”这个真理，所以你不再有上师、救主,不再有借打坐以寻得某种非凡事物的次第。非凡的事物是有的，然而并非由此道得之。我们的心是否能够丢弃这一切，否定这一切，不再抗拒？要这样，你必须先观察。你必须观察内在外在，听听这个世界的乐音与不和谐音，听听内在的乐音和外在的不和谐音。这两种声音是一样的东西。我们是这个世界本然的一部分。要这样，我们需要能量。这能量不是概念带来的能量，不是言辞带来的能量。你悟见心在思想的运动中运作得非常机械化，因而非常混乱时，才会有这种能量。所以，这个领域之内没有什么信仰、观念、概念、理想、奉献。这样，由于否定虚假的事物——不是抗拒或对虚假的事物起反应，而是毫无拣择地排除虚假的事物——你才会有不同的能量。

这很简单。你要爬山，就要先把平地上携带的东西丢掉。你必须把这些东西弃之一旁。了解执著和思想当中使我们腐败的因素，也就是权力、各种支配他人的行为、财产远比追寻，比发誓守戒重要。

大部分人对自己拥有的东西都非常执著，不论那是一张你天天小心照料的古董桌，还是人，还是团体、观念，或是什么特别的经验都一样。我们的心为什么执著——执著于自己的外表，自己的发型，一些烦恼的事情？我们执著的东西太多了。为什么？然后，因为知道拥有的东西就是生命之所以腐败的主要因素，我们就说："不要拥有，有几件必要的衣服就够了。不要拥有，而且发誓不再拥有。"这一来你可辛苦了："我很想要那个东西，可是我发过誓，所以我必须放弃。"拥有财产会腐败，我们就说我们必须放弃财产，于是所有的冲突都进来了。所以了解执著比放弃执著重要。

人为什么会执著？不说怎样才能不执著，我们的心为什么会执著？你为什么会执著于自己的房子，自己的妻子，自己的女朋友，自己的观念，自己的打坐，自己的体制？为什么？如果不执著会怎样？

执著就有东西占据我们的心。你会一直想着一件东西。你的脑和心说"我必须被什么东西占有"——被神、性、酒占有，"我必须被什么东西占有”——被厨房、社会秩序、社群或什么东西占有。因为想被占有，所以会执著，会想抓住某种东西，心为什么会想被占有？不被占有会怎么样？会误入歧途吗？会崩溃吗？会觉得异常赤裸裸，空虚吗？是因为害怕空虚，所以需要占有，才会看重自己的家具、书、观念等吗？我们的心由于空虚，由于孤单，由于不完整，所以执著。然而，我们的心是否能够没有执著，仍然活着，充满活力，元气淋漓？当然可以。

爱是不是执著？爱并非不执著。爱不论执著或不执著都很痛苦。这个我们都知道，都经历过这个丑恶的状态。

权力——政治的权力，宗教的权力，企业界的权力，演练自身才能的权力——是另一种腐败的东西。你主宰别人，主宰厨子、用人，主宰自己的太太或先生，都有很大的快感。这也是一种腐败的因素。转变我们的意识内容所需的那种能量，就是这样消耗掉的。你是否看得到这个事实？是否看得到这个危险的事实？这种危险并不是相对的危险，而是人类全体的危险。

那么，如果你能够看到这种危险如同看到落石一般，你就会立即跑开，解除这种危险。要观察这种危险，你必须有某种——生理的、心理的——敏感。你如果沉溺在酒、性、工作过度等事物当中，就不可能有这种敏感。然而，如果你还认真，还注意、关心，有感情的话，你就会看到，挣脱思想制造的分裂以后，会有一种新的能量。这个能量就是智慧。这个智慧不是思想拼凑出来的智慧，不是政客、僧侣、商人狡猾的智慧，而是知觉到所有那一切的虚假、不真实之后的自由产生的智慧。我们的心，是否能够完整地看到这一点？只要有什么方向，就没有办法。

智慧的心会在思想的领域之内，智慧地、健全地行动，而不抗拒。这时，这个智慧的心去除了执著的架构与含意，去除了执著的行为，去除了权力的追求，连带去除了其所有复杂的问题，去除了它的残酷无情。智慧的心看到思想分裂的过程，看得很清楚，很完整，所以有了能量。这个能量就是智慧。有了这股能量，这种智慧，心才能在思想的领域运作；若是倒过来却不然。

我们可以看到内在和外在是没有分别的，两者互相关联。我们也看到要有能量才能使心转变。于是，我们开始放弃浪费的一切，属于心理的一切，在心里制造分裂和冲突的一切。要做到这一点，必须观察我们的心，但不抗拒它才行。但要观察，唯有在观察者就是被观察者的时候才可以。观察者属于过去，是思想以经验、知识、记忆、传统拼凑而成。这一切就是观察者的本体。观察者观察的东西既是思想的产物，当然还是思想之物。世界的动乱、灾祸、饥荒、贫穷、残暴，所有的纷乱，所有的疯狂，都是思想制造的。然后就有一个观察者——如果他还清醒，不只关心自己那小小的生活模式的话——说"我必须改变这一切"。然而，观察者和他观察的东西有分别吗？他也是思想拼凑而成，所以也是被观察的东西。一旦了解了这一点——是真正的了解，不是嘴巴上面说说——冲突随之停止，我们的心也开始超越思想对行动的束缚。

你是否做得到这一点？如果做不到，为什么？是不是因为你很懒散，冷漠，不只对自己的悲伤、灾祸、痛苦冷漠，也对千百万人的痛苦冷漠，对越南发生的事情、印度发生的事情冷漠的缘故吗？是不是因为你想追寻上帝，想打坐，想学正确呼吸法，想学怎样才有正确的两性关系，所以对这一切完全冷漠吗？如果你关心的是全体人类，不是邻居，自己的太太，那么，你一看见整体，其中的细节自然随之条理分明。若无法知觉整体，你自然无法使细节各就其位。但是，政客、分析家、僧侣看不清这一点。所以，如果我们非常负责任，关心，认真，有担当，你我就能够解决这些问题；那是因为我们看见了整体，所以完全地活着，很有智慧，又能够处理细节的缘故。

一九七四年七月十六日　瑞士萨宁

三、绝对的行动，全然的秩序

我们谈的是了解自己的行动，自己的行为，意识的内容。我们在这个意识内行动，一切的行为和想法都通过这个意识而发生，如果不了解这个意识，依我看，将永远困顿、疑惑，和自己、和外界斗争不停。我们将永远不得平静，找不到内在深处的宁静。在这个越来越疯狂的世界，残暴诡诈的世界，我们必须了解这个重大的人生问题。

现在我们来关心一下所谓唯物论。唯物论认为生活是物质，动的物质，会修正变更的物质，也是构成意识与意志的物质。我们必须探讨这个问题，弄清楚物质之外是否还有东西，我们是否可能超越物质。这不是知识的娱乐，而是深入地探索我们的心以及整个社会的、经济的、宗教的生活是否都是物质。所有的存在之物，包括意识和意志，是否都是物质的运动与变化而已?

我们都受感官——味觉、嗅觉、触觉等等——的统治。感官在生活中扮演了很重要的角色。如果详加检视我们的脑，清楚地觉察其活动，就会发现其中的细胞保留着属于经验、知识的记忆。这些细胞保留的是物质的东西，所以，思想、思考的能力也是物质。你可以通过思维想象或构建“另有其物”，亦即构建物质以外的东西。这虽然是想象，仍然是物质。我们都知道我们活在物质的世界，这个世界建立在我们的感官、欲望、感情之上。我们建构了一个意识内容，它基本上还是思想的产物。这一点，只要认真地、深入地探究，不一味浪漫，我们都知道。然而，我们还是说超越其外一定“另有其物”。于是思想开始探索这个“另有其物”。既然是由思想来探索，所以还是物质。这一点很重要，必须了解，因为我们的心总是太浪漫，宗教老是太感情。活在唯物论小小的天地里，总是企盼比较大的东西。这种欲望很自然。于是，思想便创造了上帝、另有其物、广大无边、永恒等言辞或非言辞的架构。这一切依然是思想的产物，依然是物质的东西。

所以，思想创造了那外在的形式，认为这外在的形式，这个形象，这个原型不是物质。然而，这外在的形式是思想的产物，这个理想是思想的产物，所以仍然是物质。你去印度或东方的什么地方，他们会接受这一点，不过有一个高等的我，一个超意识在主宰物质或容纳物质——一如西方的“灵魂”一样。在梵文，那是 Atman。可是这个 Atman，这个超意识，这个灵魂依旧是思想的产物。思想是物质，不论怎么运动，不论内在或外在，企图超越自己，仍旧是物质。

这就产生了一个问题：心是机械的东西吗？就是说，在你的心里，你的思想，你的感情，你的反应，你的责任，你的关系，你的方式，你的看法等都是机械式的吗？都是依据制约，依据环境的影响所起的反应吗？如果这就是心的全部，我们无异于活在一所大监狱里，逃脱不了。

历代以来，这一直是人的问题。人知道自己靠着感官在活，靠着欲望，靠触摸，靠——性的，知识的——胃口在活。然后他问：“就这样吗？”于是他开始发明神、超神、超意识等等。他发明一种东西，投射一种东西，然后起而追求，自认为很有理想，很虔诚。但他追寻的所谓“上帝”或真理仍然是思想的产物，依旧是物质。所以，且看他所为何事，且看他的教会、寺庙、清真寺，对他对每个人所为何事，感觉他一直在吞食的这个大骗局——他还认为很有理想精神呢！一旦认真地了解了这一点，那果然震撼，因为才一下子，我们全部的幻觉都给剥除了。

只要探索到这个地步，我们就会发问除了思想的运动之外，是否还有什么运动。这一点，要怎样才弄得清楚？如果想弄清楚物质之外是否还有东西，我们就必须检查追寻的原因何在。我们追寻的原因是否为了逃避？原因代表动机。所有的探索都有动机吗？如果有的话，其根源不是追求快乐，就是逃避恐惧。要不，全然不满当下即是的话，它就会自己投射答案。因此，要探索“另有其物”，我的心必须完全没有原因。

我们之前说过，现在再说一次，如果要解决思想制造的问题，不论这问题是宗教的、经济的、社会的，还是道德的问题，我们的心都必须转变——不是周边的改革，而是内心深处的革命。如果我们真是认真而不轻浮，不把思想发明的知识理论或哲学当做娱乐，我们就必须关心意识内容的转变，完全投入这个问题。我们也说过，意识就是这些内容构成的。也曾问说那个改变意识的是什么东西。我们说观察者就是被观察者，一旦两者之间有了分别，一旦有了“我”与“非我”的分别，冲突就开始了。这种冲突基本上是在浪费能量。你观察这个问题，发现观察者就是被观察者，因而完全消除冲突，这时你才会有巨大的能量，因为能量不再浪费于冲突之上。

这个能量如果不在思想的领域内，就会是完全不同于思想的能量。因为，心如果背负着唯物思想的重担，饱受唯物思想的制约与塑造，那么除了思想的运动之外，是否还有别的运动？要弄清楚这一点，我们必须观察“追寻”的原因。有原因就有时间。因制造果，果又成因。这一点不难理解，我们的生活就是这么一回事。如果你把它当做日常生活之外的东西看待，观察的话，就难以理解。

换另一种讲法。何谓美德，何谓道德？道德是不是一时的东西？相对的东西？或者是绝对的东西？对我们而言，现代的世界，道德确是相对的东西；而这种相对论快要把我们毁灭。我们不禁要问：何谓美德？有没有绝对的美德，任何状况下都不憎恨的美德？有没有完全的平安，绝对的平安，不受打搅的平安？我们是否可能活着，而完全感觉不到暴戾？残暴是否只是相对，憎恨只是变相，等等？因此，何谓美德？你打我，我反击，之后再道歉；这就是相对。我有个原因恨你，不喜欢你，有个原因对人粗暴，这个原因使我的行动不完整，所以就是相对的。有没有一种生活方式是没有原因的？生活如果有原因，从那一刻起，你的生活就变成了相对的东西。我爱你如果有原因——因为你给我生理、心理、性、道德各方面的舒适——这个爱就不是爱。所以，只要有原因，行动就是相对的。没有原因，行动就是绝对的。

我们来看看你生活中的实际情形。如果我依赖你，执著于你，这个依赖，这个执著就是有原因的——因为我感觉很孤单，因为我不快乐，因为我需要有人做伴，因为我需要你的爱、你的感情、你的关心，所以我执著于你。这个执著却使我们极为悲伤、痛苦，因为你并不爱我，只是容忍我。你也许分给我一点感情，然后又去找别人，于是随之又产生嫉妒、对立、怨恨等等。所以只要有原因，行动、道德必然是相对的。

我们的心是否能够不着相，是否能够没有理想，不着“原因”之相，因而超越自身？这其实很简单，言辞把它弄得那么难。言辞在沟通上是必要的，但是，如果你只活在言辞的水平上，言辞就是无用的。那就很像一直犁田、犁田、犁田一样，你光是犁田，会把地球给毁掉的。

我们有这样的问题。人从一开始就想解决这个问题。这个问题就是：所有的生命都是机械的东西吗？所有的生命都是物质吗？所有的存在，包括心、意识、意志，都是物质吗？你整个生命都是物质吗？你可以假装不是，其实就是。因为包围在那些东西里面，所以，思想除了拼凑种种东西，发动巨大的技术运动之外，也开始造相，开始制造无上的理想，制造卓越的最高形式，制造高贵、神等等。但这些都是物质。我们，连同我们的战争、仇恨，可恶的政治，活在河的这一边。这一边是物质。于是我们的心说"我要过河去。对岸一定有别的东西；这一边的生活太愚蠢了"。的确是愚蠢——每天上班，赚钱，负责任，挣扎，竞争，烦恼，绝望，着急，极度的悲伤，然后死掉。我们说这样不够好。可以把它说得很哲学、很浪漫，可是仍然觉得它很愚蠢，于是便期待别的东西。

于是我们说"怎样才能过河"？我们一问"谁来领我们过河"？就有那法师、那上师、那知道的人来说"跟我来"！我们就完了；因为他其实跟我们一模一样，一样在思想的领域内运作。他制造神、耶稣、佛陀、克里希那。他造了一些形象，但这个形象和你的感官一样，都属于物质。这个形象也是思想的产物。如果我们绝对清楚没有什么浪漫的逃避之途，没有什么意识形态的"洗手"之方，没有舒适及一切造成幻象的手段可供追寻；如果我们已经绝对清楚，意识领域内任何的变相只是对象换来换去而已，那么，我们的心要怎么办，或不要怎么办？

首先，这样的心必须秩序井然——这个秩序指的是物质的秩序——否则就无法脱离自身。思想是物质，它在意识内所有的活动都制造了疑惑、混乱。它在每一个方向，在政治上，宗教上，社会上，道德上，关系上制造了混乱。你的生活就是这么一回事。除非这个领域之内具有绝对的秩序——我说的是绝对的秩序，不是相对的秩序——否则它任何脱离这个领域的原因都还是混乱的产物。所以，秩序是必要的。

那么政治上，宗教上，知识上，道德上，生理上，各种关系之上，这样的秩序，这样绝对的秩序——不是相对的秩序，权宜方便的秩序——是怎么来的？我们的心既已饱受制约、训练、教育，要我们活在混乱当中，安于混乱，又如何能够创造秩序？请记住，如果你说有个外部机关能够创造秩序，这个外部机关还是思想的产物，还是会制造矛盾，所以也就制造混乱。如果你说用意志的行动可以创造秩序，那么意志又是什么东西？“我要这样做”，想想这句话，弄清楚。你有所侵犯，你说“我要这样做”时，那个采取行动的意志是什么东西？那不就是欲望吗？不就是欲有所成而投射出来的目标吗？不是欲有所成而由思想投射出来的理想、形式、原始模式吗？思想有办法制造秩序吗？这是所有的政客，所有的僧侣，所谓改革家亟欲完成的目标。但是思想只会制造混乱。我们该怎么办？

我们的心，你的心是否有办法观察，看见这种混乱？我们看到意志的演练，听从别人的指示，想克服混乱的欲望，等等，都还在混乱的领域之内。我们就对自己说“我该怎么办？我的心该怎么办”？首先，我们是否了解何谓混乱？心是否真的看见了混乱，或者只是听到别人描述的混乱？你向我描述一座山，描述它的美，它的雪，它的天空线，森林中的幽影，流水，树木的低语，描述它美的一切。你的描述使我动心，于是我便和你的描述合而为一。然而描述并非被描述的东西。于是我们问自己“我是陷在描述里面，还是真正看到了混乱？”一个是知识，一个却是事实。这样的话，心是不是在观察混乱？这意思是说，不用文字，不陷在描述里面，纯然地观察这巨大的混乱。心能够这样观察吗？观察这个混乱时，是有个“观察者”在观察呢，还是完全没有观察者，只有观察这一回事？

我观察你。我看你。我去年遇到你的时候，你对我很好或不好。

你讨好我或侮辱我，不理我。这个记忆一直留着。今年我再遇见你，这个记忆就起反应。这个记忆属于过去，现在则成为观察者。当然，社会、道德等的混乱都是思想制造的。我就是思想，就是思想的一部分。那么，我们的心是否能够观察这一切混乱？是否能够观察这一切混乱，却没有观察者？如果有个观察者在那里看着这一切混乱，观察者和被观察者就有了分别。冲突就发生在这种分别之间。“我必须控制这个东西，我必须改变这个东西，我必须克制这个东西，我必须克服这个东西”，等等。如果没有观察者，剩下的就只有观察，于是冲突消失，只剩下观察这一回事。这样，我们才有能量可以超越混乱。

有分裂，就必然产生混乱。观察者根源于过去，根本就是制造分裂的因素。那么心是否能够看到这个真理，观察生活当中真实而非描述中的混乱？观察你的混乱、疑惑、焦虑、矛盾、自私等等？观察。心如果能够观察而没有观察者，就能够超越自己。这就意味着全然的秩序——不是相对的秩序，而是数学般的秩序。这以后才能进一步发展。物质的世界，质量的世界，思想的世界没有秩序，心就没有根基，没有基础据以前进。

所以，必须观察行为。我的行为是否有动机？是否受环境的影响？是否讲究实用，或所有的环境下都一样？这个一样，指的不是照某种模式重复，而是指我们的行为是否不是相对的，不是依据赏罚原理？探索这个问题，观察这个问题，你会发现自己的行为多么可怕，仰仗有人比你优越，比你卑下，仰仗所作所为的一切事情；绝对没有免除赏罚动机的永久运动。

除了观察行为，还要观察自己在物质世界的关系。关系至为重要，因为关系就是生活。你有什么样的关系？你有没有什么关系？关系的意思是对挑战充分地反应。我探索我的关系时，我和他人的关系是个人的、密切的，还是不怎么密切？是不是建立在我的意见，我的记忆，我的创伤，我的要求，我的性欲之上？如果我和你的关系是相对的，那就会变来变去。今天我心情好，明天我心情不好，今天我很有感情，明天又很恨你，再来我又很爱你，如此这般，变来变去。如果你我的关系我不满足，我就去找别人。千百年来一直在玩这种游戏，只是现在更加公开，更没有节制，更粗野而已。

所以，我的心必须弄清楚它的种种关系到底怎么一回事。我既然活在这个物质的世界，这个世界既然是我的一部分，也在我里面，而且就是我的意识，那么除非这个世界完全和谐，我的心将无法超越自己。就是这个道理，所以你冥思，你打坐，你调息，你到印度求道，根本没有意义。

因此，我的关系是不是相对的关系？所有的关系是不是相对的关系？是不是除非“你”“我”这种分别不存在，否则根本没有任何关系存在？因为你给我衣食住行，给我性爱，陪伴我，所以我和你有关系。我制造了你的好形象。虽然有时候彼此恼怒，彼此不高兴，不过这是小事。我紧抓住你，执著于你，在这执著中，我有的是痛苦、悲伤、折磨、嫉妒、怨恨。于是我对自己说“我必须免除这些东西”。为了免除这些东西，我又开始执著于另外一个人。于是游戏重新开始。我又对自己说“这种关系是什么东西？真有关系这种东西吗？可能会有关系这种东西吗？”有一个“我”在追求“我的”胃口、野心、贪婪、恐惧，追求更大的名声、地位。又有另外一个人，也在追求他的种种欲望。两个人，都在追求自私的、排外的欲望，都在如此这般运作，这两个人可能会有关系吗？

这个方向或许不会有关系。但是完全没有“我”，就可能有关系。作为思想的这个“我”不存在，我就开始有关系。我就开始和你，和树木，和山，和河，和人类有关系。这代表的就是爱——不是吗——

没有原因的爱。

意识，连带其内容，都在物质的领域之内。心超越不了这个领域，除非它内部秩序井然，它的关系不再有冲突——这就表示一种完全没有“我”的关系。

我讲这些不是言辞上的说明而已。论者告诉你们的不是他谈到的东西，而是他实际生活的东西。如果那不是他实际生活的东西，他就是虚伪；这种事就不免龌龊。

心秩序井然，又有完整的关系以后会怎样？就是完全不再有所追寻，再也无法有任何假象。这绝对必要，因为意识就是会发明种种经验，种种想象，种种超意识这一类的东西。没有理想，没有形式，有的只是行为——这就是秩序，就是和人的整体有关系。你的基础就是建立在这里。

这就产生了一个问题，那就是，我们的脑是否已经完全受到制约？人类的脑有几千几万次经验，从书本和其他地方受过很多知识的教育。这一切都在脑里面。意识完全在已知事物领域内运作。它会发明一个领域，这个领域会说“除了已知，还有我在这里”。不过这实在愚蠢。于是我的心就问：我们的脑是否完全受到经济、社会、环境、宗教等事物的制约，文化的制约？心——包括脑在内——是否完全在时间领域之内受到制约？是不是百分之百的奴隶？

不要说是或不是，否则你就把它固定了下来，就没有什么好探究的了。心在问，在摸索，在看，但是没有动机，没有方向；它说“心是否已经完全受到制约，所以也成了机械的东西”？然后你发现它的确是机械的东西，因为它是在知识的领域内运作；至于这知识是科技知识，还是宗教知识都一样。心很机械化，一直在重复，重复，重复。我们的生活就是这么一回事——性欲等各种欲望的重复，重复，重复。我们的心就自问“这个东西全部都是机械吗？可有一部分不是”？心必须免除所有的原因，因为有原因、思想的一切运动就是机械式的。

一九七四年七月十八日　瑞士萨宁

四、思想与冥思

我们关心的，主要是人心的转变，人心的彻底变革。人的心包括脑、心，和整个有机体。这个心制造了周遭的世界——腐败、残暴、虚荣的世界，还有一切制造战争的架构。我们很关切意识内容的改变，因为，意识的内容构成了意识。这个意识内容除非彻底地革命，除非心理上产生变革，否则全世界到处都有的冲突、苦难、残暴将无从止息。

但是，若不了解自己，没有自知之明，这种变革将无从发生。这种了解并不是什么“高等我”，什么“最高意识”的知识，因为这些仍然是思想领域内的东西。人除非了解自己，日常生活里的自己，自己的想法、做法，奉献的目标，自己的欺罔、野心，所有以自己为中心的活动，自己认同的高贵或卑下的事物，怀抱的理想——人除非了解这些东西，否则还是处在“我”的领域之内。人不太觉察这个狭隘的领域。这个领域有我们的意识和潜意识。其中的意识很关切个人的自我、野心、反应，它也是整体的一部分，社群的一部分，文化的一部分。我们若不了解这个狭隘的领域，不彻底地了解，就不可能转变意识的内容。

所谓“了解”，并不是知识的、感情的事情，也不是做了就过去的事情。了解从行动而来，所以是完整地了解，不是部分地了解。

了解自己，了解自己的意识及其内容——没有这个内容就没有意识——我们会发现其中有两个主要的因素，那就是快乐和恐惧。快乐和恐惧两者不可分。追求快乐，坚持快乐，要求快乐，恐惧必然尾随而至。要了解恐惧，一定不能忽略快乐这个事实。

思想是恐惧利用的手段。思想是记忆所生的反应，记忆则是贮存在脑细胞和脑组织里的经验和知识。思想是物质。整个人世是从思想建立起来的，它的本质、实体、活动全都建立在思想上面。我们必须弄清楚的是“恐惧是不是思想制造的”，而不是“怎样才能免于恐惧”。我们一旦了解思想的结构、本质、运作方式，就必然不再有恐惧。

思想制造了这个人世，连带其中的种种宗教、神、救主。思想制造了我们生活于其中的物质世界。我们观察思想的整个过程，就会发现，只要我们还停留在其中，在其中运作，恐惧必然持续不去。不论生理还是心理，恐惧都是造成孤单、失落的原因，也是使我们执著于财产、人、观念、概念、国家、家庭的原因。只要思想还在物质世界之内运作——它也一定要在思想的领域内运作——恐惧必定停留不去。既然，我们在这个世界一定要追求生理的、心理的平安，我们活在这个世界还会有什么其他东西！只要心还追求物质的平安，只要心还主张永恒，就必定有恐惧。然而，我们的脑只有在绝对安全时，才有办法客观地、理性地、有效地运作。这一点很清楚。脑不安全时，就从信神、信符号、信意识形态、信国家以追求安全，于是就产生疯狂的行为。只要我还自认为是某个国家的民族主义者，我就会有疯狂的举动。我在人与人之间制造了冲突与分裂。这就是恐惧的种种原因之一。你要是明白这一点，你要是觉察到它全部的本质，是否还会自认为是民族主义者？是的话，快乐和恐惧就会持续不断。

心如果完全活在物质的世界，那么，除却物质，就没有什么东西存在；而思想、意识、意志就是物质。只要心活在那里，那里就什么东西都没有，有的只是需求物质的平安与永久。有这样的需求，就必然有恐惧。

人的意识幽微之处隐藏着——种族的，集体的，饥饿的，等等——各种恐惧，也隐藏着异常微妙的快乐。不论意识或潜意识，我们有的是恐惧——怕死，怕孤单，怕失业，怕别人说我们什么，怕自己执著的东西，又怕失去这些东西，怕不成功，怕不伟大。这些恐惧能不能不分析而揭露出来？我们已经见过分析的徒然无用，见过分析者和被分析者其实没有分别。那么，心既然明白分析或内省的荒唐、虚假，该怎么办？

要知道心该怎么办，必须探讨冥思这个东西。提到冥思这两个字时，请各位用从未听过的态度去听。何谓冥思？不是怎样冥思，这无关紧要；因为，只要你了解冥思是怎么一回事，冥思就会和呼吸一样自然。但是，要弄清楚冥思是怎么一回事，要弄清楚冥思的真正意义，你是否能够就教于他人？讲冥思的书卷帙浩繁。每个人打坐都有他的法门——也许是禅宗，也许是印度系统的什么方法。这些法门都有一个目标要以控制来完成。要控制，就有控制者。但是控制者和被控制者有分别吗？一群人，有他们的系统，他们的哲学。他们打坐，说要“控制意念（思想）”！思想会杂念纷生。这个杂念纷生很耗费能量。所以他们说思想必须予以绝对的掌握、规范、压制，才能够追求所谓的悟、上帝、真理——随便你怎么称呼都行——那个东西，那个无以名之者。这显然就表示有一个控制者在那里。那么，这个控制者是什么人呢？他在性质上、本质上和他说要控制的那个东西有没有分别？这一点很重要，必须了解。

论者想要指出的是，我们可以违反传统，违反你所受的教育，违反你的社会与道德行为，完完全全活在日常生活当中。要生活而绝对没有任何控制，你必须非常深入地了解控制者是什么人，被控制者又是什么东西。这就是冥思的一部分。控制者和他要控制的东西——也就是思想——是否有分别？有的人说，控制者是不一样的，他是高等的我，高等意识的一部分，是“理解”的精髓，累积了很多知识的过去种种的精髓。然而，这个控制者依旧还是在思想的领域之内。思想不论如何提升，仍然在时间与思量的范围之内。

各位是否了解这里面的真理？不是接受，也不是从知识上理解，而是真正了解所有的神——不论基督教的神，还是印度教的神——都是思想发明的。思想可以自我投射到各种状态，各种幻象里。思想说有个高等的我的时候，其实还在思想的领域之内，所以那个高等的我还是物质。

你一旦了解控制者就是被控制者，冥思的态势将完全改观。冥思意味着意识将它的内容全部清除。唯有这样，心和脑才能够绝对安静。要有这种绝对的，不是相对的安静，才能够观察。是观察，不是经验！经验我们多的是，各种经验都有，而思想还在要求更多的经验，包括别种状态的经验，别种空间的经验。我们已经厌烦这个世界，厌烦这个世界的种种经验。这个世界，这些经验太无聊，太狭隘，太有限，于是我们期待完全不同的经验。但是，要经验就得认知。如果我无法认知，怎么会有经验？我有看山的经验。我看山的美，看影子，看清晨深蓝的天空，看某种非凡壮丽的事物的那种感觉。这样的经验，如果没有一种与过去事物的关系，就不可能。所以，经验表示从过去种种所作的认知。现在，心想要经验某种无上的东西。不过要认知这种东西，必须已经有这种东西才行。所以，这个根本不是什么无上的东西，而是思想的投射。

冥思就是里面毫无经验，没有时间这个因素。时间表示运动与方向。方向表示意志。然而，心是否有办法清除时间、方向、运动？也就是说，有没有办法使思想止息？这是唯一的问题。

我们都需要知识才能够做事：要讲某国语言，需要知识；要开车，需要知识；做什么事都需要知识。但是，知识在冥思当中占有什么地位？抑或根本没有地位？之所以没有地位，因为知识只是过去种种的延续，仍然还是时间的运动。那么心是否有办法清除过去的事情，到达一个自身不受思想影响的领域？到目前为止，我们一直在作为知识的思想的领域内运作。那么，包括脑在内的心，其中是否还有个部分，有个领域不受人的挣扎、痛苦、焦虑、恐惧的影响，不受一切残暴之事的影响，不受人通过思想制造的一切的影响？寻找这个领域就是冥思。

这表示我们必须弄清楚思想是否能够止息，必要时仍然能够在知识的领域内运作？我们需要知识，否则无法做事，没办法讲话，没办法写东西。要做事就需要知识，可是一旦地位变成最重要的东西，亦即一旦作为“我”的思想进来，知识的运作就会疯狂。所以知识是必要的，冥思却是寻找，或发现，或观察没有思想在其中运动的一个领域。知识和这个领域是否能够并存，在日常生活中和谐地并存呢？

瑜伽术可以保持身体的健康，可是无法使你发现另外的，绝对没办法！你一把它当做最重要的东西，就不再重视了解自己的工夫。了解自己就是注意、觉察、关注自己的行为，日常的生活，也就是关注自己的思、言、行，关注是否有所执著，是否害怕什么东西，是否追求快乐，等等，亦即觉察自己思想全部的运动。如果你有觉察，也把它当一回事，那么你就会建立正确的关系。显然如此。如果身边的一切事情都乱七八糟，世界四分五裂——正是如此——那么关系就会变得非常重要。建立了全然的关系，完整的关系——不是你我的关系，而是人与整个世界的关系——才算是为冥思奠定基础。

你从这里开始探索你的行为，你的行为方式。如果你的行为依据的是快乐或利益，那就不是行为，而是追求快乐，恐惧也随之而生。要探讨冥思这个问题，关系、行为、秩序三者绝不可或缺。不奠定这个基础，随便你怎么做，随便你倒立呼吸一万年，一直讲，一直谈，都不是冥思。你要是有钱，你可以去印度。不过我可不知道你去干吗，因为你在那里找不到悟。悟就在眼前。不管你在哪里，都必须了解自己。建立了这个东西，用秩序——不是机械式的秩序，而是每一刻都是善的秩序，不遵循模式的秩序，不是既定的秩序，不是社会道德或秩序的秩序——奠定了基础，你才有办法探讨冥思是什么东西。

冥思表示心的一种品质，也就是绝对的寂静。这种静不是刻意的静，不是用意志捏造出来的静，而是你建立了秩序、关系、行为之后，自然而然的静。寂静必不可少。我的心如果喋喋不休——大部分人的心都是如此——还是有安静的时候。两次喋喋不休之间是有安静的时候。不过这并不是寂静。并非不吵闹、不冲突，就是寂静。必须完全了解意识的内容，然后超越，也就是观察者和被观察者合而为一，不再有控制者以后，才会有寂静。控制者没有了——这并不是说你要生活没有纪律——控制者没有了，观察者没有了，行动才是自然而然的，才会创造巨大的能量。

冥思的意思是意识清除其内容。要清除这个内容，唯有观察自己的意识及其内容，而没有观察者的时候才有可能。你是否能够看自己的太太、先生、女朋友、男朋友，看山，却没有观察者？过去种种就是观察者。只要有观察者，就必然会用过去的眼光转换观察的一切，因此制造出时间，分别出观察者和被观察者，冲突于是产生。然而若是有观察却无观察者，就不会有过去，也不会有冲突，有的只是事实和超越事实的能量。做了就知道。

冥思的意思又是聚集所有的能量。由于你建立了秩序、关系、行为，所以再也不会在那个领域耗费能量。要观察而无观察者需要这个能量，要超越也需要这个能量。这个能量没有耗费掉，心就用这个能量看到了一个不受思想影响的地方。但这一切并非是给不成熟的人玩的游戏，而需要巨大的关注与纪律。冥思需要重大的纪律。discipline（纪律）的意思是“学习”——不是控制、压制、模仿、附和。从这个字又衍生出“disciple”（门生、学生、徒弟）——愿意跟从老师学习的人。可是我们这里既没有学生，也没有老师，有的只是且永远是学习的行动。这需要极大的关注，极大的能量，这样你才能注意，不会制造假象。制造假象很容易。你追求、要求，想要经验时，就会有假象。欲望会制造假象。

冥思的一切又表示非常认真，非常认真的心，还有充满爱、没有创伤的心肠。我们从小就一直在受伤。父母伤害我们，长大了在工作场所也会受伤。我们在每一个地方都受伤。人只要受伤，就不可能爱别人。创伤是意识的一部分。那么，受伤的心是否可能清除所有的创伤？你要是注意观察，就会发现要清除所有的创伤，并因而去爱，去慈悲，实在非常简单。慈悲表示对万事万物都很热情。这个热情不是两个人之间的热情，而是对全人类，对地球上所有的事物，对动物，对植物，对地球包含的一切都很热情。要是有这种慈悲，我们就不会像现在这样破坏地球，也不会有战争。

对于认真的、完全投入的、关切的心而言，冥思代表一种非凡的东西，广大的东西。心在冥思当中找到空间。房屋局限了空间，可是屋外还是有空间。作为“我”的思想制造了很狭小的空间让自己行动。思想因为创伤，因为种种原因，筑起围墙，让自己活在墙内。空间有这样狭小的空间，也有思想在自己之外制造的空间。然而有没有一种没有边界，因而也没有中心的空间？弄清楚这一点，就是冥思。

只要有中心，有“我”或“我”这个观念，连带其中的一切执著，这个中心就会在自己四周制造空间。有中心，就有边界。边界可以延伸，不过还是在中心制造的空间之内。冥思的意思就是发现没有中心，因此没有方向，因此没有时间的空间。不冥思，不去发现那个无可体验的东西，无可言喻的东西，无时间、不延续的东西，生命没有什么意义。你也许很有钱，也许没有钱，你也许执著于自己的财产、妻子、朋友，你也许虔信你那小小的思想发明的神，但是活在那个空间，你就有痛苦、焦虑、残暴。这一切本身毫无意义——显然。唯有当你发现——是发现，不是发明、投射，不是用什么体系制造——那个没有边界的空间，生命才会有非凡的美，非凡的意义。

一九七四年七月二十八日　瑞士萨宁

人与世界的关系

一、分崩离析·宗教道德·形象·受伤·关注觉察[①]

我们这些人就是世界，世界就是你和我，世界和你我是不分的。我们创造了这个世界——创造了这个残暴的世界，战争不断的世界，宗教派系的世界，性、焦虑，彼此极度缺乏沟通，没有慈悲心，互相不体贴的世界。整个世界，不管哪一个国家，不管哪一个地方，人类——也就是你我——都在受苦受难。我们焦虑、疑虑，随时都不知道会有什么事发生。一切都不确定。整个世界，我们身为人类，都处在悲伤、恐惧、焦虑、暴戾、不安当中，凡事都不确定。可是我们所有人之间都有一层共同的关系。我们实际上，基本上，根本就等于世界。世界是你，你是世界。根本地、深入地，不是浪漫地、知识地，而是实际地了解这一点，就会明白我们的问题是全世界的问题——不是你的问题、我的问题，而是人类的问题。

所以，我们要处理的是人类的问题，全世界的问题，那就是，

① 本篇行文中的标题为中文版编者所加，为英文版原文所没有。

你身为人类，活在一个分崩离析的世界。因此，讲到关系，我们讲的是人与人之间的关系。只要了解这种关系，你就会很接近这种关系，亦即你和邻居的关系，你和太太的关系，你和儿子的关系。你若没有一种普遍的、人类一体的感觉，那么你活着就只是片面的；你只是美国人、欧洲人、印度教徒、佛教徒等一切人为分别的人。但是，我们关心的是人类，也就是你。你不管到哪里，总是看到人在受苦受难，在恐惧。人很想知道什么地方可以找到真理——想知道有没有神，有没有什么神圣的东西，有没有永恒，或者只有死亡，人是否能够免除恐惧，终止悲伤。

我们说人的时候，同时也是指女人。我们不要为文字吵架，否则就太幼稚了。

我们共同讨论的时候，没有谁是权威。没有老师和学生，也没有上师与门徒，所以也没有权威。心理的世界，灵性的世界没有权威。你不必听从论者，不必接受他的话。怀疑论是好的，只要有节制。你必须知道何时紧抓不放，何时松手。现在讨论“存在”这个重大的问题，你我必须了解，很清楚这种讨论没有权威，没有谁知道，谁不知道。我们要一起探讨这个问题。你是否有能力观察，那是另外一个问题。你是否能够专注地、前后一贯地探讨，完全看你自己而定。如果你没有那种能量，那种意图，必要的毅力，你就会制造权威。你懒惰、懒散，就会使别人变成权威。你要是生活混乱，看到别人生活有条有理，你就会使他变成权威。所以，拜托，我们要一起探讨，但要没有任何权威感。我们要很自由地观察。我们生活的这个社会之所以分崩离析，原因之一就是我们都是信徒。我们在精神事物当中接受权威、中介、僧侣、分析家，把他们当做我们的导师。我们依靠别人寻找自己，所以我们无能。我们好像没有办法正视自己，仔细地检查人——也就是你自己——全部的存在状态。

如果我们能够一起检查，探讨，没有权威，只有自由地检查，看见其中的美，那么你我之间就建立了关系。

人类和他生活的社会，其分崩离析的基本原因之一就是缺乏宗教精神。宗教的意思是指凝聚你所有的能量探讨真理，寻找、发现心或意识当中真理不是由思想发明的状态。人类社会分崩离析的原因之一是没有宗教心，另外一个就是没有道德——这个道德不是基督教的道德，印度教的道德，或什么宽容的道德。道德的意思是秩序，基本的秩序。不是符合某一模式的秩序，不是顺应环境方便的秩序，而是了解混乱的本质之后产生的秩序。这种道德才是活的东西。

这个分崩离析的世界和你本身并无二致。你是社会的本体，是存在于种种关系当中社会的基础。没有关系就会分崩离析。那么，何谓关系？关系是我们存在的基础，社会的基础。除非深入地了解并且转变关系，否则无法讨论冥思、宗教、何谓真理等问题。所以，我们必须坚定地站在关系这一层基石上面。

我们必须弄清楚建立正确的关系、准确的关系是什么意思。“准确”的意思就是在事实上很正确。何谓关系？和另外一个人在生理、心理、感情、知识和所谓的爱上面建立关系是什么意思？如果不能清楚地了解关系的本质与结构，并且在生活中实践，冥思就很幼稚，毫无意义，这时冥思成了纯然的逃避。若不能在你和他人之间建立关系——这是存在的基础——冥思只是躲避事实，轻易造成种种疯狂的、毁灭性的后果。

所以日常生活彼此的真实关系是怎么一回事？你要是不害怕，就仔细地检查一下，看看到底怎样。你对自己存有形象，不是吗？你对自己有个想象，有个观念，有个概念。和你有关系的那个人对他自己也有个想象、形象、概念。拜托，各位现在不是光在听我讲这些话，而是在观看自己。语言文字只是镜子，如果你在看真实的自己，这一面镜子的用处就没了。所以你和别人，男人和女人，男生或女生，先生和妻子，等等，每一个人对自己都存有想象、形象、结论、观念。

你和一个人生活一个星期，或者一百个星期，你对那个人就会建立起形象，他也会对你建立起形象。这是事实，不是吗？那么，你怕不怕看这个形象？这个形象是很多天，很多年，很多事情——唠叨、快乐、舒适、恐惧、支配、占有、执著等等——建立起来的。每一个人对别人都存有形象。这是事实，不是吗？你们说这就是关系。其实这是两个形象，两个想象之间的关系，是不是？各位如果不同意论者的话，那么请看看事实。这种想象或形象或结论都是记忆。这是我们每一个人拼凑起来，储存在脑里的。它们依据这些形象，彼此产生反应。你受过伤害。这个创伤变成了记忆，储存在脑里，日后便产生反应。所以我们的关系并不是真实的关系，而是来自记忆。如果你已婚，你对你的太太早就建立了一个想象，你太太对你也建立了想象、形象。这种形象其实都是一些唠叨之语、不经意的一句话、创伤、快乐、舒适、性爱的记忆，等等。其间的关系就是两个记忆中的形象，不是真实的关系，所以永远都有冲突与分裂。如果你在这样的关系中受伤，那也是你为自己建立的形象受伤。

不知道各位是在真正地观察自己，还是在听论者讲这些话，然后同意论者。这是两回事。如果你们只是同意我的话，那就没有什么意义，然而你是否真正地看到自己建立了形象，而创伤之所以存在便是由于那个形象的关系？

在这种人的关系中，创伤便是这样发生的。是形象受到了伤害。那么，除非你完全治愈这个形象，否则就永远有冲突。创伤有过去的创伤，也有后来的创伤。你过去就受过创伤，不幸的是，这种创伤从小——在学校，在家里——就开始发生。人的一生都在受伤。

因为受伤，所以人就在自己四周筑起围墙，免得再受伤。人在自己身边筑起围墙，就有了分裂。你也许会说“我爱你”，不过这只是一句话，因为分裂已经存在了。

然而人是否可能绝不受伤呢？这并不是说在身边筑起围墙来抗拒，所以什么东西都碰不了你，而是活着而没有抗拒，这就是绝对不受伤害。

各位知道受伤是什么意思吗？你拿一个小孩子和别的小孩子比较，这就是伤害。凡是比较，都是伤害，任何的模仿、附和，都是伤害——不只是表面言辞的伤害，而是深入内心的伤害。人一受伤，伤害里面便有暴戾之气，所以，人有没有可能绝不受伤呢？我们怎样才能处理以往的创伤，并防止未来的创伤呢？我们会弄清楚。

你说“我受到伤害”时，这个受伤的“我”到底是什么东西？你——用话，用手势，用粗鄙的言行——说“你伤害我”时，到底是什么东西受到伤害？不就是你替自己制造的形象受到伤害吗？拜托，请务必看一下。这个形象是社会、教育、环境在你心里建立的种种因素之一。那些想象、形象、名称、形式、性格、癖性等就是“你”。你就是这一切，就是那个形象，那个想象。那个形象受到了伤害。你对自己早就有了结论，认为自己就是这样，就是那样。这个结论一有人扰乱，你就受伤了。因此，你是否能够活着而对自己没有结论，没有想象，没有形象？只要你对自己还存有形象，就永远都会受到伤害。你可以反抗伤害，可以在身边筑起围墙，但只要你四周有围墙，只要你退缩，就有分裂。有分裂，就必然有冲突——好比阿拉伯人和犹太人，印度教徒和回教徒之间一样。有分裂就必然冲突。这是定律。

因此，要完全不受伤害是否有可能？这就是说要有一颗纯真的心，本质不受伤害的心是否可能？我们是否可以这样过日常生活？

这一点很重要，必须弄清楚。不要到修道院，不要到大家志向一致的社区，也不情绪化，不多愁善感，而是在日常生活中实际地弄清楚我们是否可能活着而没有形象，因此绝不会受伤，也就是绝不会有冲突，绝不会有心理上的分裂。我们要弄清楚这一点；我们要弄清楚是否可能这样生活。

首先，要察觉的是我们都有这种形象。我对自己存有形象，这个形象受到了伤害。我太太对自己也有形象，这个形象也受到了伤害。这样的话，我们怎么会有关系？所以我们有没有可能没有形象，也就是说，有没有可能不受伤？一个人受过伤害，于是在自己身边筑起围墙，开始抗拒，深恐再度受伤。于是他退缩，孤立了起来。那么，你如何处理以往受到的伤害？你会分析自己为什么受伤，分析受伤的原因吗？你会用分析的方法探讨这个问题吗？

我们且来看看分析法的传统。我们认为分析是生活的一部分。你要是没办法分析，你就去找专家。那么，分析的过程是怎样？分析的过程有分析者和被分析的东西。你们看，这已经有东西分裂了。然而，分析者不就是被分析者吗？所以，你制造了分析者和被分析者之间人为的分别，实际上分析者就是被分析者。所以，分析的过程根本就有个错误。但是你们却在分析的过程中日复一日，经年累月，尽情玩这个游戏，在某些方面——经济上、感情上等等——互相增添。然而，如果了解分析的过程这个根本的错误，你要怎样才能解除所有过去受到的伤害，防止未来可能有的伤害？

论者现在和各位分享这个问题，希望实际地在日常生活当中，弄清楚我是否可能活着而没有伤害。因为，只有这样我们才会知道爱是什么东西。

谄媚和伤害其实是一样的东西，不是吗？两者只是不同的伤害。有人谄媚你，你很喜欢，那个人成了你的好朋友。所以那也是制造形象的方式之一。你喜欢谄媚，不喜欢伤害。我们现在处理的只是你不喜欢的伤害。你喜欢谄媚，因为谄媚使你快乐、舒服，使你对自己所存在的形象愉快。两者是一样的东西。这样的话，我，我这一个人类，要怎样才能免于伤害？这样的话，我们就必须探讨“何谓关注”这个问题。

关注是什么意思？你要是知道关注是什么意思，我们的问题便迎刃而解。你是否完全关注过什么事？这完全的关注里面，没有一个你从那里开始向外关注的中心。有这样的中心，就会有分裂。换一个说法，你知道觉察是怎么一回事。我们坐在这些树下，觉察到这些树，觉察到这些树枝，枝叶的颜色与浓密，觉察到这些叶子、阴影，觉察到它们的本质与美。[1]另外你也觉察到自己坐在地上，觉察到座毯的颜色，觉察到这支麦克风。那么你是否能够觉察这一切，觉察麦克风、毯子、地面、树叶的颜色等等，觉察到这件蓝色的衬衫，觉察这一切却毫无拣择？看着而毫无拣择，毫无判断，只是看着。

如果你能够只是看而毫无判断，毫无拣择，只有观察，这样的观察里面就没有观察者。只要有观察者，从那一刻开始，也就有成见，有好恶，有“我喜欢这个，我不喜欢那个”。于是就开始有分裂。所以，唯有不再有那个实体说“我在关注”，才会有关注。拜托，这一点很重要，请务必了解。因为，只要有关注，毫无判断，毫无拣择，唯有观察地觉察，你就会发现自己绝不会再受伤害，过去的创伤也一扫而光，但是只要有观察者进来，那一刻观察者就受伤了。

只要有完整的关注，就不会有伤害。假设有人说论者是呆子，很傲慢，如果能够完整关注地听这句话，就不会有过去的伤害，也不会有未来的伤害，因为这时根本没有实体在观察。拜托，这一点

① 本系列谈话是在户外的橡树林举行的。

很重要；因为，只要有分裂，就必然有冲突。要处理恐惧、快乐、悲伤、死亡，就得了解只要有思想和思考者、观察者、经验者的分别，就必然有冲突、分裂、破碎，因而分崩离析。这一点非常重要。所以，你是否能够彻底关注地观察这棵树，观察自己，观察邻居，观察生命？然后，你是否能够完全关注地观察你对自己的想象？既然有这样完整的关注，是否还会有想象？

没有想象，没有形象，没有关系，两个人类之间会是怎样？我们的关系目前是建立在分裂之上。这是明显的事实。一个人每天去上班，在公司里野心勃勃、残酷、贪婪，回到家来却说“亲爱的，你好漂亮”。我们的生活多么矛盾，所以一直在斗争，根本没有任何关系。要有真正人与人的关系，就要没有任何形象，没有想象，没有结论。这很困难，因为你有记忆。你忘得掉昨天发生的意外吗？所有这一切事情都会有暗示。所以，两个没有形象的人类之间会有什么关系？这一点，只要你没有形象，就会清楚。也许是爱。

因此，我们是否有办法真实地活在日常生活当中而没有分裂，也就是说没有战争，没有冲突？

一九七六年四月三日　加州欧亥

二、思想·意识·时间·行动·当下即是·实相·冥思

我们的生活完全建立在思想上面。我们所有的行为，不论是源自深远的过去，还是由于环境当场的需要，都是思想的结果。思想带领我们生活的一切。思想把我们分割为国家、阶级、宗教、信仰——连带其中的教条、仪式。思想建立了教会——天主教、新教、印度

教——东方各种宗教架构及其宣扬的东西。我觉得这是无可反驳的事实。

何谓思想？思想为什么是我们的生活中那么重要的因素？我们的教育，我们的关系都建立在思想之上，在形象、言辞结构之上。这些东西都是思想拼凑起来的。思想为什么会变得这么持续不去、顽固、分裂？

要检查思想为什么这样重要，我们必须探讨“意识”这个问题。意识充满了思想和思想制造的东西。不论自觉或不自觉，意识深处都是思想发自过去，触及现在，制造未来的运动。这一切都是思想的运动。运动意味着时间。思想意味着思量，所以思想就是运动、时间、思量。思想的过程是怎样？思想的本质与结构如何？不论自觉或不自觉，我们按照思想设定的模式行动，活着。这就是我们的生活。了解思想非常重要，因为思想按照人的信仰，人的教条，把人从地理上、国籍上分割开来。思想建立了“你”“我”、自我、人格等记忆结构。

我们想要弄清楚是否有一种不是思想拼凑而成的意识。所以我们要检查我们目前所知道的意识。这个意识充满了思想制造的东西。思考的源头在哪里？思考、思想为何总是片面的？思想来自何处？意识的本质何在？这个意识为什么充满了思想的运动？我们必须找出思想的起始之处。

思想不就是记忆所生的反应吗？记忆就是知识贮存起来成为经验。有经验，有经验变成记忆之后的知识，再由这个记忆产生反应，就是思考。所以思考的源头在于过去。所以思想源自过去。只要详加检查，就会发现我们的生活完全建立在过去种种之上，我的根源也在过去种种之上。知识是过去；知识没有现在的知识，未来的知识。若有现在的知识，唯有完全了解过去的本质与结构，然后使之终结才会有。

所以思想是从过去开始的运动产生的反应。过去种种贮存在脑里成为经验和知识。思想为何支离破碎？思想为何会在人与人之间制造分裂——制造基督徒、佛教徒、资本主义者、信徒、非信徒等等？有没有一种不是建立在思想上，不分裂，也不支离破碎，不痛苦，不懊悔，不悲伤的行动？我们从日常生活中的“你”、“我们”、“他们”、基督徒、非基督徒等等，就可以看到思想支离破碎的过程。破碎的思想也许会认为有上帝，不过这样的上帝仍然是片面的产物。

思想用它的碎片塞满意识，然后说“我必须超越这些支离破碎的东西，我必须悟，必须找到上帝，找到真理，找到涅槃”——随便你怎样称呼都行。意识的碎片想了解那完整的东西，那健全的、健康的、神圣的东西——“完整”指的就是这一切。碎片如此这般一直想掌握或发现完整的东西。于是它打坐，它控制，它遵循体系，而这依然是时间作为片断百般思量时的运动。

所以，思想为什么是碎片？思想为什么会变成碎片？思想为什么分割了你我，分割了我们和他们，分割了佛教徒、基督教、资本主义者？思想是否看得见整体？是否看得见自己只是一个片断？抑或永远看不到自己，看不到自己的局限，看不到自己支离破碎的运动，所以也看不到整体？

现在我们暂时摆开这一点，换另一种讲法。

我们是否了解，是否看到意识和其内容并无二致。意识的内容构成了意识。假设你是基督徒，那么你意识的内容，你的信仰、教条、仪式、反应、执著、焦虑、恐惧、悲伤、灵感，你为自己和别人建立的形象，你所有的结论、成见，所有这一切就是你的意识的内容。就是这样。所以你的意识是它所包含的东西构成的。意识的内容充满了思想事物——你的学识，你的经验构成的知识，你的偏见，等等。

如此这般你的意识是支离破碎的。但是我们试图借着扩张,借着超越，在这个领域之内追寻实相，追寻真理。

不过，你们现在只是接受我的话，抑或是亲身在观察，观看自己的意识内容，并且发现你在其中累积的所有东西？不只是你累积的东西，包括历代人累积的传统、礼仪等等。这一切就是你的意识，由于它是支离破碎的，因而是分裂的，所以必然也互相冲突。思想了解这一点，就对自己说“我必须超越”——用冥思，用控制，用压抑，用各种扩展意识的手段。我们一直紧抓着意识的内容，在玩这种游戏，企图超越。

所以，思想是支离破碎的，因此看不到整体。如果思想看得到整体，它自己必是完整的，因此也不用努力追求完整——不分裂的、健康的、健全的、神圣的完整。然而它并不完整。好，现在观察者是破碎的，然后他说“我知道我思想的狭隘”。这个观察者是过去的东西，而这个支离破碎的过去，每有行动，都是支离破碎的。知识、经验，人类几千年来累积的东西就是过去。我们认为人要提升在于知识。我们怀疑知识是提升的工具，只是众多教授、专家都说因为知识是过去的东西，所以是人提升的工具。思想的运动就是时间，而我们认为时间会使我们进化，发展，成长。然而时间其实是支离破碎的。

时间有两种，一种是可能用手表表示的、物理的、记年的时间，例如昨天、今天、明天等。一种是“我会如何如何”的心理时间，心理的明天；我将在明天悟道，将在明天臻至完善。不过，真的有这种心理时间吗？这种时间是否还是思想发明的东西？我们要弄清楚是否有一种不是建立在过去种种之上的行动，因此也是不分裂的行动。有没有一种完全的、完整的、不陷在时间之网的行动？

看到这个世界在进行的行动，看到这个世界在进行的运动，看到我们——也就是世界——身上进行的行动，进行的运动，我们就想知道是否有一种不是建立在结论之上的行动，因为结论是思想的运动——一种不是建立在理想上的行动，因为理想也是支离破碎的——一种不是建立在成见之上的行动，一种时时刻刻都完全、完整，因此不会懊悔，没有悲伤，没有痛苦的行动。你难道不想发现这种行动吗？与我们同在的行动总是痛苦，总是充满疑虑、懊悔——“但愿当初没有这样”。我们都知道那种会造成懊悔、痛苦、悲伤、疑惑等的行动，于是便想知道是否有一种完整，因而完全，不会有懊悔，不会有毒害的运动进入其中的行动。我想这是人身上有智力的部分在要求的东西，因为找不到，它才发明一种外在的机关——如果我能找到上帝，就会知道完全的行动。他绝对找不到上帝，因为上帝根本就是他自己发明的！所以，我们要弄清楚是否有一种行动是完整的，健全的，健康的，理性的，因此是神圣的。

思想为什么会发明理想这种东西？理想和当下即是相反。理想属于未来，当下即是却是真实。我们不了解真实，不知道怎样处理，怎样超越真实，便投射出理想。但理想是虚构的，并不真实。于是当下即是和理想之间就有了分裂，因此也有了冲突。思想，因为是支离破碎的，所以没办法了解眼前的当下即是。它觉得如果能够创造一个理想，追求这个理想，它就能够了解。它却因此制造了更多的冲突。如果我们能够正视眼前真实的东西，正视当下即是，而不预存什么原理、理想，也没有——属于过去的——观察者，我们就会看见真实的东西。

我们是否能够正视当下即是，而没有成见，不存先入为主的判断？你是否能够正视当下即是，而没有属于过去的观察者？譬如你很嫉妒别人好了。你怎样看待这个嫉妒？你是不是以一个和这个嫉妒有别的观察者来看这个嫉妒？你看待这个嫉妒仿佛你和这个嫉妒有别。其实你就是这个嫉妒本身，而不是和嫉妒有别的观察者。这个观察者本身就是嫉妒本身。所以观察者就是被观察者。拜托，这一点真的非常重要，请务必了解。你掌握到观察者就是被观察者这个真理，那被观察者就会发生根本的改变。当下即是如果不能发生根本的改变，那是因为——属于过去的——观察者的干涉，而受到了阻碍的缘故。了解这一点，会消除所有的冲突。

我们受到的教育都要我们接受观察者与被观察者的分别，而这个观察者老是在设法对被观察者怎样。他说："我很嫉妒；我会发现嫉妒是有原因的。如果我不嫉妒，不知道社会会怎样？"于是我开始压抑嫉妒，找理由，找借口。这一切都是冲突。由这种冲突又产生种种暴力。然而真正的情形却是观察者等于被观察者，那种分别是没有的。这时，因为只有事实的观察，事实便发生了根本的转变。所以，我们是否可能过这种完全没有冲突的生活？这种生活将是绝对健全的。失衡的人、疯狂的人才会老是在冲突。

思想是时间当中一种思量的运动。思想会制造分裂，所以想要寻找一种没有冲突的生活方式，一种思想了解自己的局限，绝对必要时能起作用，又完全不进入心理领域的生活方式。思想建立了心灵；建立了种种心理状态，也就是"我"、我的自我。思想支离破碎，它制造的"我"也是支离破碎的。于是思想说"我要与整体合而为一"，但这是不可能的。所以，思想本身是否可能了解有一种行动是完整的，唯有在观察者就是被观察者的情况下才可能产生。当观察者等于被观察者时，当下即是将产生根本的改变。

我们的意识充满了思想事物，所以我们的意识也是支离破碎的。然而，是否有一种意识是完整的意识？我们的思想是否找得到这种意识？有没有一种不是思想拼凑而成的意识？我们把宇宙分成"你""我"，分成"我们"与"他们"，分成善与恶。我们分割宇宙——

也就是说，思想分割宇宙，可是思想又对自己说“有没有一种不是我拼凑而成的意识”？那么，你这个人类，怎样才能弄清楚是否有一种不是思想拼凑而成的意识？人类几千年来一直想弄清楚这一点，不是只有我们现在才在尝试。他说一定还有一种意识不是这一种意识。于是他说“我必须控制意念（思想）；一定有一种体系可以用来控制思想。一旦控制了思想，掌握了思想，也许我就会知道另外一种意识是什么东西”。控制思想——我们的冥思完全建立在这上面。然而，人从来不问那个控制者是什么人。那个控制者依然是思想本身。

所以，要弄清楚，要发现那个不是由思想拼凑而成的东西，我们必须了解思想作为知识的地位何在，又在不压制它的情况下，它在什么地方毫无地位。思想作为知识在我们的日常生活，在开车、做事、写字等粗浅的活动中有地位。你唯有完全了解思考的本质，才有办法把知识放在适当的地位。心灵，也就是“我”——我的德行，我的气质，我的欲望，我的野心，我的癖好，我的和你相反的经验——都是思想拼凑而成的，都是思想的产物。思想作为知识有它的地位，但是在心灵中却毫无地位。这意思是说，我们的心，这个心灵的整个架构，是否可能止息？可以的话，唯有这时才会有另外一种完全不同的意识——这种意识你用打坐绝对找不到。

思想拼凑的东西都是实相。不过，山或树虽然是实相，却不是由思想拼凑的东西。思想在这个世界制造的神、仪式、灾祸全是实相。战争是实相，杀人是实相，粗暴、野蛮、冷酷、毁坏是思想制造的实相，由思想拼凑而成。山、树、河流、天空的美也是一种实相，却不是由思想拼凑而成。信仰是一种实相，由思想拼凑而成，但是很神经质。这种神经质是实相。真理不是实相。思想永远无法触及真理。这样的话，真理和实相之间的关系是如何的呢？

我们检查过思想的本质。我们说，思想，由于贮存在脑里，是——

属于物质的——细胞的一部分，所以是物质的过程，是物质。思想是物质在时间、在运动中的过程。这个运动不论制造了什么东西，都是实相——所谓的支离破碎的东西和神经质的东西，都是实相。真实的东西，譬如这支麦克风，也是实相。大自然也是实相。所以真理是什么东西？支离破碎的思想陷在时间里，惹是生非的、残暴的思想可有办法发现真理，发现整体的、神圣的真理？如果思想找不到真理，那么思想、实相和那绝对者的关系到底是怎样？

各位知道这一切都需要冥思。这才是真正的冥思，那些上师进口到这个国家的东西不是。意识即其内容。这个意识是否能够一直扩展，直到最后包括真理意识？这个心灵的意识，这个“我”连带其所有内容的意识是否必须止息，才会知觉真理之为真理？心灵是由思想拼凑而成。我们必须弄清楚这个心灵的本质。我们抓得这么急切——虚荣、傲慢，想有所成就，想成功——的“我”到底是什么东西？“我”的本质何在？如何产生？只要它存在，另外一个东西就不可能存在。如果我很自我中心，那么，只要这个心灵的中心存在，真理就不可能存在，因为真理是完整的。

所以，这个心——这个集所有的感官、感情、记忆、经验在一起的心，这一切的全部，就是心灵，就是我——这个心怎样才能够止息，又在这个世界起作用？可能吗？

要弄清楚这一点，我们必须深入探讨恐惧，探讨很复杂的快乐、悲伤等问题，还要探讨悲伤是否可能止息。人类有史以来一直活得很悲伤，从来没有免除悲伤。除了这个问题，我们还要探讨何谓爱与死，因为爱与死是孕育“我”的地方。所以这件事并不好玩，而是非常严肃的事情。我们必须用全部的生命了解这件事。完整地、健全地活在这个世界，而没有心灵，不逃避，不遁入修道院或公社，活在这里，活在这个疯狂的、病态的、凶残的、富于腐败生活的、政治与道德分开的世界。健全地活在这样的世界，而没有心灵，没有“我”，是一项重大的挑战。这需要我们的心能够小心翼翼地、正确地、客观地思考，所有的感官完全清醒，没有中酒精、速度等的毒瘾才行。你的心必须非常健康。如果你吸毒，抽烟，喝酒，你的心就不再健康。因为这些东西会毁掉你的心，使你的心迟钝、麻木。

一九七六年四月四日　加州欧亥

三、恐惧·心理时间·我·观察·经验·没有分别

只要有一个人彻底了解恐惧这个问题，解决了这个问题，那么，不必等到明天或哪一天，而是立刻，他将影响到全体人类的意识。这是事实。我们说过，你的意识并非你个人的财产，而是时间、千万个事件、经验，由思考拼凑而成的产物。这个意识好像溪流、好像大河一样不断地在运动，而你是其中的一部分。这里面没有什么东西比别人特别。你要是深入地探究，就会发现里面没有什么东西是独特的。你也许不喜欢，不过请观察一下。“个体”是表示完整的、没有分裂的实体，不支离破碎，不分崩离析，是完整的存在。不幸地，大部分人却是支离破碎的、分裂的，好像这个世界一般，不快乐、烦恼、疑惑、痛苦、痛心、惊惧。

因此，我们要共同探讨恐惧这个东西，看看恐惧是否可能止息。我们共享这个问题。恐惧是可大可小的负担。我们有失业的恐惧，不成功的恐惧，死亡的恐惧，没有人爱的恐惧，孤单的恐惧，孤立的恐惧，不安全的恐惧，必须依赖他人的恐惧，事情做不好的恐惧，追随众人或被遗弃的恐惧。各位都知道恐惧是怎么一回事。人从来

不曾在心理上免除恐惧。恐惧使他的心沉重，使他的人生展望黯然无光。他不知道怎样才能消除恐惧，于是他开始逃避，逃进残暴、野蛮、骄傲、刻薄里头。

恐惧的根本原因在哪里？请各位看看自己。把我们的谈话当做镜子，寻找你的恐惧，再找出其中的根源——不是寻找恐惧的枝节，不是寻找恐惧的小叶子、细枝末端，而是寻找恐惧的根本原因。只要心理上内在有恐惧，人的行为都会扭曲，也就没办法清楚地观察事情。

恐惧的根源何在？不就是心理上内在找不到完全的安全吗？完全的，全然的确定、安全。我们是否都在追寻事物的永久，追求持续的、不断的、究竟的东西？我们是否都有存在的不确定感？我们可能因为追求心理的安全，反而制造了外在的动乱，所以，首先让我们看看是否有心理的安全这种东西。心理上，内在的安全是什么东西？我们说安全，我们说坚固的、肯定的、长久的、不动摇的、没有人可以动摇、没有人破坏得了的安全，指的是什么东西？那是不是你在人我关系中追寻的东西？或者是你追求足够的知识，并且依赖那个知识给你稳定的生活？这意思是说你追求的是永久，是一种没有人可以改变的东西，是时间终止的永恒。

所以，时间是造成恐惧的因素吗？有一种时间是手表测定的时间，昨日、今日、明日的时间。记年的时间是必要的，很清楚，就在那里。但是有没有心理上的时间？对你对我而言，心理上有没有明天？如果没有，就有那巨大的恐惧。你一旦面对心理上没有明天的事实，你的基础将全部动摇；因为你本来希望明天会更加快乐，更好，有成就，会去除恐惧。所以，有没有心理上的明大？

明天表示时间，明天意味着思想。思想本身是支离破碎的。它创造了心理时间，然后你就在这种时间当中从当下即是走向“应该如此”。所以时间是不是恐惧的因素？时间的确存在；不过到底有没有“努力想成为什么”这种心理上的时间？这个永远在要求自我表现，这个自我表现的“我”，这个“你”“我”，自我到底是什么东西？弄清楚这一点；因为这是你的生命。如果你了解这一点，免除了恐惧，无异打开了天堂之门。

这个老是在说“我必须是”，“我必须打坐”，“我必须追寻上帝”，“我必须了解”，“我必须快乐”，“我很孤单”，“我必须成功”，“我很害怕”，“我必须知道”的“我”到底是什么东西？是不是姓名，甲先生，乙先生；形式，你在镜子中看到的形体，一切相关的记忆，一切有关自己的概念、形象，说“我比你好太多”的形象？这些不都是由思想拼凑出来的东西？思想本身只是一个片断，这个片断的活动不只是“我”，还包括它在你周遭制造的一切片断——国家、阶级、战争等等。思想是在时间当中进行的物质过程，是贮存在脑中的记忆、经验、知识等所生的反应。

所以，我们执著的这个“我”其实是虚假的。这或许就是恐惧的根源——执著于根本不存在的东西。所以就有这样一个虚构的、想象的“我”，一个图像，一个符号，一个观念，一个形象，由思想拼凑在时间里，而思想却是物质的过程，是一种思量。这个“我”因为不确定自己的存在，在他存有的深处不确定自己的存在，这或许正是恐惧的根本原因。然而，如果说没有“我”你就无法活在这个世间，是不对的。其实正好相反。

各位现在是否能先看一下时间的运动？时间是一种运动。终止这种运动，就是终止时间。这就是冥思的主要因素——在心理上使时间终止。所以那根源极深的恐惧是思想在时间的运动。这思想的运动是物质的过程，制造了“我”这个人为的架构；既制造，而后又执著于这个架构。思想本身就是片断，而又执著于自己制造的片断。

人的人我关系当中有种种恐惧，因为我们在人我的关系中创造了你和我的形象。每个男人和女人心目中都有对方的形象、图像、象征。这是由时间经年累月或者只是一个小时拼凑出来的。他们两人的关系其实是两个形象之间的关系。用心地观察一下，你就会发现其中的真相。我们执著于这个图像，这个形象，又害怕失去这个形象。因此，如果没有了形象，我们不能不以完全不同的眼光看待对方。

我们用文字描述所谓恐惧这个东西的本质、性质、结构。现在既然知道描述东西的文字不是东西本身，那么你是否能够正视事实本身，而不是描述的文字？你是否有办法正视，也就是说，是否有办法观察事实？

观察的方法很重要，必须学习。观察有它的艺术。“艺术”指的是让事物各安其位，各有归属。你是否有办法观察这个叫做恐惧的东西？你这个观察者和被观察的东西是否有分别？你愤怒、羡慕、嫉妒或随便怎么样的时候，你和那个我们称之为“嫉妒”的东西有分别吗？你是否就是那嫉妒本身？所以观察者就是被观察者。换一种讲法。思考者和思想有分别吗？再换一种讲法。经验者和经验有别吗？如果没有，你还追寻什么经验？如果观察者和被观察的事物没有分别，那么剩下的就只有事物而已，只有思考而已，没有和思想有别的思考者。

你要经验。你厌倦已有的经验，厌倦日常的，性方面的，这些那些的经验。所以你现在要一些其他的经验——神、悟、耶稣、克里希那意识等的经验。但你从来没有问过这个经验者是什么人，他和那些被经验者是否有分别。你想体验克里希那意识，想体验耶稣的意识，或什么东西，然而，要体验一个东西，你必须先认识这个东西，不是吗？这就表示你原先已经知道这个东西。由此可知，经验者就是被经验者。

所以，你是否能够观察恐惧而没有观察者？由于你就是恐惧本身，所以你和恐惧并无分别。控制愤怒，你和愤怒本身有没有分别？如果你说有，你就会想控制愤怒，想给它理由，想对它怎么样。但是如果观察者就是被观察者，你就会对它无可奈何，因为你就是它。因此，请各位观察恐惧但没有观察者。

我们从观察中知道恐惧本身和观察者没有分别。这样，当观察者就是被观察者的时候，被观察的事物就会发生根本的改变。观察者和被观察者一旦分裂，这分裂当中就会产生冲突。于是我就说我必须消除恐惧，控制恐惧；要不我就问我为何不应该有恐惧，为何不应该因为恐惧而产生神经质的行动。我永远有矛盾、分裂，因此永远有冲突。这都是在浪费能量。有冲突，想控制，想逃避，想找人问怎样消除恐惧，都是浪费能量。这一切都是造成能量浪费的因素。如果能够不浪费能量——唯有观察者就是被观察者那时才有可能——你就会有那巨大的能量可以转变当下即是。观察的本身就是转变当下即是的能量。了解这一点，你就会发现自己免除了所有心理上的恐惧。

用你全部的脑和心聆听，隔天起床，你会发现自己没有了恐惧。这表示你确实聆听了。表示这确实是你的问题，这个问题绝对必须解决——不是明天，而是立即解决。这就是说，你知觉到某个东西，就立即采取行动。这个知觉，唯有知觉者就是被知觉者时才有可能，因为这时你才有完整的能量。完整地观察，唯有在没有观察者时才有可能，因为观察者属于过去。以全然的关注赋予观察的本身，被观察的东西就会产生根本的转变。了解吗？做吧！

一九七六年四月十日　加州欧亥

四、快乐・思想・了悟・悲伤・热情・现在就发生

人心为什么会追求快乐？我们并不是说人不应该有快乐，而是我们要探讨快乐的本质，因为人类显然永远在追求快乐。人为什么这样需要快乐，需要这种最轻易的行为，最舒服的生活态度，而且不只追求身体的、感官的快乐，也追求心理的快乐？人最终的快乐在于上帝，在于悟。快乐是什么东西？也许正是“恐惧”这个钱币的另一面。大部分人忽视恐惧，不知道怎样处理恐惧，可是一方面不断地追求快乐。

由于文化，由于传统、习惯、环境等因素的关系，我们的脑有一部分变得很机械化。快乐是不是机械化的东西？快乐，不论是性的快乐还是其他的快乐，是不是在重复昨日的某种快乐？是不是性的快乐或什么样的快乐变成了记忆之后，我们又追求快乐的记忆？我们关心人心的转变。我们不能再像目前这样生活。我们的脑，我们的心，我们的整个生活方式必须彻底地改变。所以，我们必须弄清楚人为什么永远在追求快乐而不可自拔。这很重要。

各位看看。昨天有些欢乐事，发生了一件你很是喜欢的事。这件事就铭记在脑里，变成了记忆。接着思想就说“我还要”。这就是在重复一件已经结束的事情。思想认为这件事快乐，今天明天都回味着它。显然，这就是机械化，就是机械的东西。

快乐、受用两者之间有什么不一样，还有欢喜？快乐、受用、欢喜——有这三样东西。快乐可以追求——这就是口味，各种感官的活动。受用是否可以追求？欢喜是否可以追求？欢喜往往在奇妙的偶然之下可遇而不可求。你突然发现有说不出来的快意。然后思想就接收过来，说“我还要”。思想一开始干涉这个可遇而不可求的

欢喜，欢喜就变成了快乐。所以快乐是机械化的东西。

这就是我们的生活，我们的生活方式一直在重复，在回归以前的东西，已经死去的东西；用思想使它重生，把它当快乐追求。你可以欣赏美丽的事物，欣赏树木、云彩、光影。等到思想一进来说“这就是最美丽的东西”，这些东西就跟着完了。因此，你是否能够用全部的感官欣赏大自然的美，这个世界的美，但是不让思想进来？这样的话，你的受用就完全在当下一刻。可是思想一旦进来接收，这个受用就成了快乐，也就变成了机械化的东西。拜托，探讨这个问题，我们必须非常的清醒、谨慎、觉察。我们现在谈论的时候，各位就可以实验一下。看看这些树，这阳光，美丽的山，影子，影子在山坡上、在山谷间的游戏。真是赏心悦目。你是否能够看着这一切而不让思想进来？让这一切止于当时而不想去延续？延续的东西都是机械化的东西。一个会结束的东西，才会有一个新的开始。了解吗？

好，你们对这一点已经了悟，不是吗？拜托，请用心观察。你已经了悟。这个了悟是思想的产物吗？你已经找到了某种东西。换句话说，有了了悟，再由了悟产生行动，这就不是机械化的东西了。了悟或智慧都不是思想的产物，而是非机械化的行动。不管什么时候，只要思想一接收欢喜的一刻，这欢喜就变成了机械化的东西。这个你们都明白。知觉到这一点，就是智慧，不是吗？那么你是否能够永远不依据思想的反复运动采取行动，而是依据智慧采取行动？各位是否了解其中的差别？

我们这样看到快乐是建立在欲望之上的运动。用全部的感官看树，看云，看天，看星星，看月亮，是一种不得了的感觉。可是接着思想进来了。如此这般，有感觉加上思想，就有欲望。这就是说，各种感觉，各种感官最高的活动加上思想，就是欲望。各位了解吗？各位是怎么了解的？各位会了解是因为有智慧在观察。智慧不是思想的产物。

各位有没有想过人类为什么那么苦？不论内在或生理，人类为什么哭泣？这种苦，这种悲伤到底是什么东西？会不会结束？或者要从人类的初始一直到结束，运动个不停？人类是否必须忍受苦，与苦同在？

建立在权威和信仰上的教会从来不曾解决这个问题。基督教说有一个人在为你受苦，然而你的苦日子依旧。印度教、佛教也有他们的解释。自古以来人就一直和悲伤同在。悲伤是否可能止息？悲伤不止息，就没有慈悲，没有爱。我们认为苦是必然的，不得解的，所以我们必须以逃避来避免苦。我们早就发展出一套逃避痛苦的方法。

何谓悲伤？有一种东西叫做悲伤。这种东西就是痛苦、忧愁、孤单、绝望，和人没有关系，没有交流，完全的孤立。人类一直和这个庞大的东西同在，并且，由于不知道怎样解决，所以也一直在滋育这个东西。现在我们就要来弄清楚悲伤是否可能止息；因为，悲伤不止息，就没有爱。有爱的话，你还会因为别人而受苦吗？有爱的话，还会有悲伤吗？你这个人也许很有同情心，很亲切，慷慨，大方，然而爱是完全不同的东西，完全不同的空间。这个空间，唯有悲伤止息时才会显现。

你心“爱”的人死了，你很悲伤。你一向依赖甚深的人有一天不见了，你觉得非常孤单。你爬不上成功的阶梯；你爱某人，那个人却没有投桃报李；你的信仰给你虚假的安全，但你的信仰有一天粉碎了；你的父亲或母亲死了，或者儿子、兄弟死了，于是你开始悲伤。

你受苦的时候，实际的情形是怎样？我们说受苦，指的不是生理上、身体上，而是心理上受苦。这种苦比较深，比较沦肌浃髓，比较折磨人。你可以流泪，可以逃避，永远不正视，可是这个苦永远都在那里。悲伤是人类的命运，人人明白。我们逃避悲伤，替它找理由，找借口；要不就是说人人都在受苦，所以我也不得不然。要是你有宗教成见，你就说那是上帝的事功。这一切都是逃避当下即是——也就是悲伤——的方法、手段。如果你能够不逃避，也就是说，如果你能够不替它找理由，找借口，和苦的全部同在，没有思想的运动，你就会有能量了解称之为悲伤的这个东西。

如果能够一念不起而与你所谓的悲伤同在，你称之为悲伤的东西就会开始转变，变成热情。悲伤的根本意义是热情。由于你逃避悲伤，于是你失去了那种来自于悲伤的品质，失去了那完全的热情。这个热情完全不同于情欲，不同于欲望。你一旦了悟悲伤，与悲伤同在，一念不起，这里面就会燃起热情这个奇异的火焰。你必须有这种热情，否则就完全无法创造。

由热情产生慈悲。慈悲的意思是对所有的人，所有的事情都很热情。这样，悲伤一止息，你才会开始了解爱是什么意思。

所以，我们必须了悟恐惧，了悟人我关系，了悟滋育恐惧、追求快乐的思想及其全部的架构与本质，了悟悲伤的止息。要是能了悟这一切，你就会有智慧把你平日机械化的活动转变为非机械化的活动。不要逃到别的地方去想这个东西！你不会有时间的。你一思考我们今天说的话，你的思考就变成传统的、机械化的、空洞的东西。你现在就坐在这里，共享这一件事，所以智慧现在已经发生。这个东西必须现在就发生，否则就永远不会发生，因为思想会阻碍它。思想不会了悟。了悟我们指出的这些东西，知道描述的文字不是被描述的东西本身——这必须现在就发生，马上就发生。思考只是浪费时间。你要共享一件东西，唯有现在共享。

一九七六年四月十一日　加州欧亥

五、爱·欲望·宗教·空虚·死亡·不退化·延续·溪流

我们给“爱”这个字加了太多的意义，而其中大多数都是情欲的意义。若是要运用这个字，了解其中复杂的意义，就必须一起探索所谓的爱的结构与本质。

爱是欲望或快乐吗？何谓欲望？欲望又是如何生起、展开的？根源何在？又是如何而存在？对大部分人而言，爱显然和生理的、心理的、性的、精神的欲望有密切的关系。欲望有种种目标，不过根源总是一样。因此，欲望是怎样存在于每一个人身上的？

宗教建立在信仰之上，建立在权威之上。不过这完全不是宗教。这样的宗教说要服侍上帝必须去除欲望。于是那些僧侣，那些印度的Sannyasis就开始克制欲望，在这个压制的过程中认同某种形象，某种名相，然后认为自己已经解决了欲望这个问题。他们内在焚烧着欲望，可是却用戒律、祭典、各种形式的遵从，努力克制欲望。对于一个很认真想弄清楚是否有真理的人类而言，这是一个极为重大的问题；因为，欲望会制造假象。欲望会制造经验，然后你会执著于经验，这就成了假象。我们一直把欲望和爱混为一谈。

欲望不就是感觉吗？这就是说，不就是感官的活动加上思想吗？感觉加上思想，就是欲望。这是事实还是观念？你是否有办法用全部的感官完整地看事情？然后在这样的看当中不让思想进入感官的活动，使得事情止息？这就是说，你用全部的感官，全部的眼睛、耳朵、神经看树，看山，看人，看无止境的运动时，你是否能够完整地看，而不让思想进来干涉？这个时候，你的知觉才是完整的。否则思想干涉了知觉，知觉就四分五裂了。所以欲望是支离破碎的。

不幸的是，或者幸运的是——看你的情况而定——我们总是把所谓的爱和欲望混为一谈。爱是一种欲望吗？你完全认同于一样东西，你就成了那样东西。人为什么会想认同，为什么会执著？人为什么会执著于另外一个人？执著不是会恐惧——恐惧失去一个人执著的东西吗？因为执著，所以你嫉妒、害怕、焦虑。这个现象很明显。你之所以执著，是因为你不足，你孤单。因为你感觉匮乏，所以你执著。因此，执著是不是爱？有执著，就有压榨。但我们用爱这个字掩饰这一切。所以嫉妒是不是爱？

但是，如果你了解内在的空虚没有什么东西可以填补，就不会有什么执著这种东西存在。你必须正视你内在的空虚，不要逃避，而要完整地观察。这时你就会发现自己的孤单一扫而空，然后就没有那孤单的执著。这样的话，也许我们就会知道爱是怎么一回事。执著里面有的是恐惧、焦虑、憎恨，有的是人我关系中的一切冲突。有冲突，怎么会有爱？有野心，怎么会有爱？如果你能够除去野心、焦虑、执著，深入地了解快乐和欲望的意义，那么你或许就会见到所谓爱这个奇异的东西。由爱生出慈悲。慈悲是最高的智慧。因为有慈悲，所以有智慧，你做事就适时适地。我希望各位都了解——不是了解文字，而是心里脑里真实地了解，并且实践。

还有一个问题就是，何谓死亡。在这个美好的早晨谈这件事很奇怪。不过，死亡是生命的一部分。不充分了解这两个字的意义，逃避这个问题，避而不谈，就是将原本完整运动的生命分割了。我们必须探讨这个问题。不仅为老人探讨这个问题，也为年轻人探讨这个问题，因为这个问题牵涉到每一个人。因此，生是什么意思？死又是什么意思？我们说生说日常生活是什么意思？奋斗、挣扎、冲突、快乐、焦虑、疑虑、害怕失业或就业、想找好一点的工作等等，不断地挣扎，不断地努力，恐惧，焦虑，偶尔有一些快乐——这就是我们的生活，我们日常的生活。我们执著于这不断的挣扎，说这就是生。

那么何谓死？这所谓的生止息了是否就是死？死是生物体的结束，还是人制造的种种冲突、悲伤、痛苦、焦虑形成的巨流的结束？拜托，我们讨论的是大家的生命，不是对论者的生命或某人生命的描述。我们关切的是你的生命，你的日常生活。除非你的日常生活能够彻底改变，否则我们仍将继续替自己替别人制造困苦。我们眼前的情况正是如此。所以，死是怎么一回事？

生物体的死亡是因为意外，因为疾病。身体、有机体也会因为衰老生病而死亡。我们的身体是有智慧的。我们却用酗酒，用毒品，用拼斗毁了这个智慧。我们用各种毒品、药品、化学成分毁了有机体内在的智慧，所以身体就在不断的劳苦当中逐渐死去。

那么，这个有机体，这个有脑的生物器具是否可能不退化？我们的脑老了就开始退化。这个脑是否可能永远年轻，不退化？既然生理上、心理上不断地摩擦、拼斗、挣扎，脑必定是会退化的。那么，有没有一种生活方式没有拼斗，所以脑永远年轻、清新、积极、果断？这是可能的。我们是否能够每天觉察自己内在不断的斗争——想成为什么，想仿效别人、附和别人，追求那种属于机械化过程的理想？你是否知道，是否觉察到每天都在做这种事情？请不要问怎样才能停止这种斗争，也不要问怎样才能打破其中机械化的例行公事，只要毫无拣择地觉察这种斗争，观察这种斗争。否则，你一带来一种刻意，你就把它给毁了。你是否有办法毫无拣择地观察脑的机械化运动？或者说，是否有办法毫无拣择地观察经过千百年调教，只懂得机械化行动的脑或其中一部分？觉察这个东西，但不要想矫正，不要想改变；因为，你一想改变，就产生了冲突。我们说过，只要有二元性，有观察与被观察者的分别，就必定有冲突。没有观察者，唯有观察的本身，就不会有冲突。

如果你白天可以完全觉察所有这些机械化运动，觉察你的思考方式、欲望，那么，不管科学家怎么说，你晚上睡觉时就不会再做梦。只要你很专注，谨慎，觉察，那么，因为你的问题，你的活动在白天都已经解决，所以你的脑你的心就会变得很安静。这样，你睡觉时就很平安。你的脑或许还是在动，不过内部却有了秩序，于是就变得很年轻、清新。只要有伤害，脑就不可能年轻、清新、果断。没有伤害，脑就不需要抗拒。

除了有机体生物体的死亡，死亡是什么东西？你那么害怕的这个东西到底是什么东西？是不是经验的结束？是不是知识的结束？是不是心理上你执著的一切的结束？生物体死亡时，不论你原先执著于什么东西，都将跟着结束；你没有办法把你的房子、家具、书本，乃至于上师——不论是天主教的，还是新教的上师，印度教的上师——带走。所以，这个人类这么害怕的东西到底是什么东西？人害怕的是某种东西的结束——心理上内在的某种东西结束。

我们知道这个东西行将结束，我们需要安慰。我们就说这个东西必定还会延续下去。古老的印度教说有这种延续，叫做轮回——你会按照今生所作所为在下一代重生。如果你这一世行为正当，有道德，下一世就会更好。经过了一连串的重生，你最后终将达到最高原理。这个理论让人很舒服，所以有千百万人相信。佛教则认为生命不断地流动，不停地运动。这个运动显现出来，其中一段就是“你”，就是“我”。这个“你”这个“我”通过不断地运动，在时间当中一直变化。基督徒当然也有“复活”的信仰。他们相信他们的神有一天肉体会复活。

但是我们说的这个东西完全不同。请各位注意听，只要你们真正了解，你们会看到一种没有时间的运动，没有时间的状态。首先，我们说过，你就是这个世界，这个世界就是你。所有的人，基本上，根本上都很恐惧，焦虑，悲伤，疑惑，不快乐，偶尔有些欢喜。这是心理上一种不断的运动。人不论置身何处，都在这条溪流当中。永远都是这条溪流；所以你就是这个世界，这个世界就是你。这是事实。你也许气质不同，天赋不同，能力不同，癖好不同，不过这些都是你生长的文化产生的反应而已，根本的溪流还是一样。

所以，个别性这个东西是没有的。个别性意味着完整，意味着不可分割的实体，但你不是这种不可分割的实体。你是已分割的，破裂的，你实际上已经不是个体，不是不可分割。你必须完整，没有支离破碎的行为，才是完整的个体。“完整”这两个字意味着健康、健全、神圣。但你就是这个世界，这个世界就是你——你陷在这条溪流当中。然而悲伤是可以止息的，恐惧是可以止息的——不是明天止息，而是现在立即止息。然后你就会挣脱那条溪流——也不是你，而是会有一种显现，从那条溪流产生或挣脱的一种显现，因为这条溪流就是时间。

这条溪流是时间。所以你必须弄清楚时间可有终止之时。这条溪流不再运动，时间就会终止。这条溪流就是恐惧，就是冲突，就是悲伤，就是人经由思想制造的种种疑惑。这就是时间之流。这个溪流停止，时间就终止。这样，就会产生完全不同的空间。

思想制造的“我”，思想制造的色相、名相，还有我们对这些色相、名相的执著——这一切形成的结构，就是我们面临死亡时害怕失去的东西。执著于色相、名相就是痛苦、快乐、焦虑。这一切就是“你”，就是“我”。你可以说有一个高等的我，不过这依然是思想的产物。因此，人类深陷其中的运动是时间的运动；这个运动是思想驱动的。这个溪流流量越大，思想流量也就越大。这条溪流就是我们的意识加上其内容。这条溪流一旦停止，时间就跟着终止，于是就产生另外一个完全不同的空间。只要了解这一点——不是了解文字，而是深入地了解，并且在日常生活中实践出来——这是做得到的——你就会发现死亡有了完全不同的意义。

一九七六年四月十七日　加州欧亥

六、宗教・秩序・冥思・寂静・机械心・觉察・空性・美

五十多年来，我们谈了很多，见过很多人，不但谈他们个人的问题，也谈世界性的人类问题，谈那巨大的疑惑、痛苦，智慧的极度不清明。这么多年来，我们越来越清楚，人类除非彻底转变，否则不但会毁掉自己，还会毁掉地球。所以，对我们而言，似乎必须有一群人真的很认真，很关心——不是表面上关心，不是一味地适应环境，而是深切地关心，并且实践一种完全的、完整的、高贵的、热烈而又清明的生活。如若不然，我们将错失已经不多的时间。

我们谈过各种事情，譬如人与人之间的极度缺乏关系。我们谈过作为时间当中物质运动的思想的过程。我们说由于人类的诸般问题就是思想制造的，所以思想完全不足以解决这些问题。思想只是片断，是物质过程，是思量的运动，所以无法解决这些问题。我们也谈到恐惧和恐惧的止息，谈到了解“快乐”这个复杂的问题，谈到悲伤的止息，谈到爱与死。

由于我们关切“存在”这个非常深刻的问题，我们必定不可以把宗教、冥思，以及是否有神圣之事等问题弃之一旁。

正确的聆听是一种艺术。看见事物的本来面目也是艺术。学

习——不是向别人学习——自己的意识内容也是艺术。人的意识是百万年来，人的各种努力、悲伤、痛苦、焦虑的产物。这一切都在我们心里。学习观察，学习聆听意识的全部内容，观察这个意识，就是一种行动。

今天我们要讨论宗教。宗教是创造新文化的因素。没有宗教，文化即将死亡，文明即将崩溃。各位看看世界的现况——那一切的暴力、残暴、战争、分裂、阶级仇恨等等。这一切表示人心的堕落，也使我们不能不探讨宗教是什么东西。宗教是搜集信仰吗？是行祭典，重复一些已经毫无意义的话吗？是礼拜天上教堂，去寺庙，去清真寺重复一些赞歌、一些经文吗？如果我们认真地问自己，那么，信仰、结论是否有其必要？信仰、结论使人分裂。这一个村子小小的，可是有五六种基督教派。全世界由所谓的宗教——印度教、佛教、穆斯林、基督教等等，再加上其中无数的宗派——制造出来的分裂非常严重。所以，信仰到底有何意义？信仰是否会阻碍我们了解真理？

宗教是否已经和日常生活分离？宗教是不是为生活创造秩序的运动？宗教如果和日常生活分离，就只会制造更多的混乱，更多的冲突而已。

要了解宗教的意义，我们的生活必须有秩序。我们的生活总是疑惑、矛盾、混乱、片面、破碎。这样的生活怎么可能有秩序？并非照着蓝图生活就是有秩序。秩序唯有在毫无拣择地了解和充分觉察个人生活的混乱、失序时才会发生。秩序来自观察了解我们混乱的日常生活。这种观察并非建立在谴责、评理、判断之上。秩序来自毫无拣择的觉察。这时的这个秩序是一种活的东西，所以也不断在动。对于现代人，道德不算什么东西。不过，道德的本质就在于秩序。没有秩序，何来清明的理智？

这个问题，有一部分和冥思有关。一个人生活没有秩序，日常行为没有完全的道德，哪里还谈得到冥思？你可以盘腿打坐一辈子，十辈子，乃至于百万辈子；你可以照你从某个印度人那里所学的方式呼吸，但是你永远也发现不了真理，因为你的生活根本就是混乱的。所以，想要冥思，你就必须先使生活秩序井然。生活没有秩序却在“冥思”，只是一种巧妙的逃避，因此没有任何意义。请务必了解这一点。冥思是最奇妙的事情。可是这个冥思，却不是你的那种冥思。我们的人我关系必须要有秩序，但是这个秩序唯有在没有恐惧时才存在。秩序不是由思想拼凑出来的。如果是，就会制造更多的混乱。

要寻找或发现那最神圣的东西，我们的生活必须稳稳地建立在秩序之上。所有的冥思，其意义都在于寻得寂静。即使是在生理上，生物体上，要看清楚任何东西，要观察树木，树叶上的亮光，绿草，山，要看清楚这些东西，也都必须心静，不是吗？这其实很简单，是我们把它搞复杂的。要看清楚事物，要观察清楚事物，你就必须心静，不是吗？你要是心里喋喋不休，就看不到树，看不到那阴影的深度，看不到那树干或树枝的美。你必须心静，才看得到这一切。

心必须很寂静才能够清楚地看事情——各位要看清这个事实，这个道理，这个逻辑。如果你老是和自己讲话讲个不停，你就听不到别人说的话。要听清楚别人的话，首先必须安静。因此，不论内在外在，要能知觉，就必须寂静。内在和外在其实是一样的运动，并没有什么分别。两者其实是一元运动，我们却把它分为内在和外在。如果能够把外在观察清楚，你就会随之发现内在，然后发现两者的一元运动。要清楚地看到这个，你必须安静。

我们今天要一起探索所谓宗教的意义及其深度。我们要弄清楚是否真有不受思想影响，不腐败，不是幻觉，不是欲望或经验投射的东西；是否真有绝对不受思想影响，完全原创的东西。我们说过要发现这个东西，生活必须有秩序。秩序，是美德的真义。

虽然都是静，也各有不同，不是吗？两次吵闹声之间的静——这是静吗？两个意念之间的静——这是静吗？两次战争之间有所谓的和平——这是和平吗？所以，到底何谓寂静？是由思想拼凑出来的吗？是捏造的吗？是因为你了解，想看见“天堂”就必须寂静，所以产生来的吗？若是这样，你就会说“我怎样才能寂静？快教我怎样寂静”。由于这种想要知道何谓寂静的欲望，人就开始发明各种体系、方法，各种“道”，借以追寻寂静。

你一旦了解了这一点，就不会再去碰什么体系；体系或修炼里头到底包含了什么东西？体系或修炼里头包含的就是一再重复，就是练习，练习，再练习，控制，努力——换句话说，就是变成机械化。我们说过，我们的脑有一部分已经机械化。我们也说过，由于思想就是一种重复，一种记忆所生的反应，本质上就是机械化的东西。如今，你活了机械化的一辈子，你想要超越这种机械化的生活，可是却还引用体系、方法、法门这种机械化的程序，所以你仍然是机械化的。你一旦看到这里面的真相，这里面的逻辑，这里面的道理，你就再也不会碰什么体系、方法、法门。凡是由思想构造的、拼凑的东西，不论多么漂亮，逻辑多么严密，多么古老，多么传统，都会使我们的心机械化，最后变成迟钝，麻木。看到这里面的真相，便不再需要什么体系，什么方法。

那么，寂静如果不是由思想拼凑而成，那又是什么东西？要看得清楚，你必须寂静，要听得清楚，你的心必定不可烦躁。看到真理，真理随之发生，不需要你刻意做什么来追求寂静。

所以，那寂静的东西到底是什么？我们不妨从检视“觉察”这回事开始。觉察，有所觉察，到底是什么东西？你坐在那里，觉察到树木，阴影，树叶上的光彩，树叶的翻动。[①]你看着那棵树，觉察到那棵树。你是否能够看而不诉诸文字？是否能够只看而不称呼，不赋予它性质，不描述，完全只是看？

我们从来不曾纯粹地观察，看了事物，就说“好漂亮”、“好丑”、“很有用”，等等——由你所受的制约而定。我们从来不曾观察事物的本来面目。你要怎样才能够观察，怎样才能够看见大地山川的美、沉静、光影变化——纯粹只是观察，而没有思想产生的反应，没有好恶？完全只有观察，也就是完全只有觉察。觉察身边的宇宙，然后觉察内在的宇宙。内在的宇宙比外在的宇宙复杂多了。这个内在的宇宙就是我们的意识。意识就是这个内在宇宙的内容。这个内在的宇宙比较复杂、微妙。我们如果有那个能量，那个能力，那种热烈，那种清明去探讨，就会发现其中有无比的深度。就是这样，首先觉察外在，正视外在，然后觉察自己对这外在的反应，接着超越自己的反应，继续观察。再用同样的方式探索你自身这个宇宙，也就是你的意识，连带其内容、经验、知识、喜好、恐惧、焦虑、悲伤、痛苦——自觉这个几千年来，人一直在添加的庞大内容，觉察这个庞大的内容。

我们是否能够完整地觉察？还是必须一段一段地看，一层一层地看，一个片断一个片断地看？意识是由意识的内容构成的；没有内容，就没有我们所知的意识。那么，你是要一个片断一个片断，一点一滴地了解意识，或者是完整地了解意识？我们所受的制约构成了意识的内容。我们受到身为基督徒的制约，受到身为佛教徒的制约，受到气候的制约，受到食物的制约，受到人对自己对他人一切所作所为的制约，受到他认同的东西的制约，受到他自己信仰的制约。这些全部就是意识。那么，要了解这个意识，你

① 这次谈话是在户外的橡树林中进行的。

是一部分一部分地来呢，还是有一种方式可能完整地观察，不必消耗时间？

是有这样一个完整观察的方法。但是这个方法唯有你了解“觉察”这一回事以后，才有可能。因此，首先觉察外在的世界，注意自己对外在世界的反应，然后毫无反应地观察外在的世界。接着从外在移向内在以及其中的内容，也就是你的意识。观察这个内在。起初，你会产生一些反应:“我喜欢”，“我不喜欢”，“多美”，“好快乐”，“希望能留下一些”,等等。这很自然。但你要先观察这些反应,然后超越。你一旦超越，就会马上看到其中全部的内容。

不是看到你外在喜欢的东西，而是看到外在的真面目：战争，仇恨，怨恨，数不完的侮辱与伤害，悲伤，痛苦，焦虑，孤单，无爱……观察这一切。这是冥思的一部分。观察这一切以后会怎样？观察这一切以后，你会发现能量凝聚了起来。这是因为有了秩序，所以能量不再浪费的缘故。日常生活有数学般的秩序，就不会浪费能量。只因为没有秩序，才会浪费能量。有秩序，能量就会蓄积。用这个能量观察世界和自己，发现内外在的世界是同一个运动。有观察而没有观察者，就会累积能量。观察者属于过去；这个过去也就是你所有的成见、意见、结论、传统反应。观察者属于过去。他遇见现在，遇见当下即是，就想依照过去的结论来了解现在，了解当下即是。对不对？这一来就会使过去继续运动，而变成未来。你是过去一切的结果。这是事实。你的脑有一部分是过去种种历险、事情、事件、经验转化为知识的结果，而知识属于过去。过去的运动衔接现在，转变现在，修正现在，使现在继续往未来运动。衔接现在的过去是一种运动，现在也是一种运动。如果衔接现在的过去停止，也就是不再运动，那么时间也就跟着停止。

所以冥思就是要为生活带来秩序，并因此聚集巨大的能量，结束观察者与被观察者之间的冲突，因而再增加能量。有观察者和被观察者的分别，就会有冲突。你生气的时候，那生气的一刻，那生气的一秒钟没有什么分别。可是几秒钟以后，分别就来了——“我不可以生气”，“我为什么不应该生气”？有分别，就有冲突。冲突，连带其中所有的暴戾之气，都是浪费能量。凝聚完整的能量是寂静的开始。

我的生活充满疑惑，我的意识动荡不安，不断在斗争，不断在选择，否定，主张，支配，执著；一直在挣扎，无时不刻不在翻腾。这个翻腾就很浪费能量。使意识不再动荡不安，便是冥思的一部分。但这不能用控制的。你一控制，那一刻那个控制者是什么人？拜托，请亲身探讨一下这个问题。那个控制者是思想的一部分。控制者想控制思想，就会浪费能量。如果你看见了控制者就是被控制者这个真理,冲突就会随之止息。这就表示你会有比较多的能量。这个能量，这个完整的能量，这个不是由摩擦产生的能量，是不可或缺的。摩擦有它自己的能量，我们所说的能量却不是由思想拼凑而成，所以也不是摩擦的结果。必须要有这种能量，才能够发现那真正神圣的东西，发现那宗教的心。

因此，冥思指的是清理意识的内容——也就是清理那些恐惧、焦虑、人我之间的冲突——终止悲伤,因而产生慈悲。意识内容终止，就是完全的寂静。这样的寂静将充满能量，而非空洞的寂静，需要什么东西的寂静。

所以,冥思并非只是颂念咒语,打坐休息。冥思完全是不请自来，造作不来，拼凑不得。这表示其中没有思量、揣测。我们要是能行到这么远的地步——不，这个东西其实不远也不近——我们要是做得到的话，自然会有那样的空性。

不过，等一下。科学家都说这种空性有的是能量。我们则说有这种冥思的过程、运动，就会有完全不同空间的意识。这个空间的能量是经由冥思，经由生活的秩序凝聚起来的。你会有完整的能量——完整的能量是有的。这个空性里没有任何东西。空性无一物。空意思是一样东西都没有。东西就代表思想。思想是物质的过程，所以完全不存在于那个空性当中，所以也没有经验者在体验这完全的空性。

美是什么东西？美也是我们生活的一部分。景物的光影变化是不是美？建筑物的线条是不是美？绘画是不是美？存在于人世的奇妙文化是不是很美？山是不是很美？流水、美丽的面容是不是很美？美是什么东西？是不是没有冲突的中心才会有美？你说“多美啊！”的时候，那背后的感觉是什么东西？感情，某种东西的涌动，其本质、性质何在？这是不是就是美？是不是要完全没有观察者才是美？如果能够完完全全只有观察，毫无拣择，没有分别，就必然会有美的感觉。这个美的感觉或许就是那神圣的东西。这个美不是女人或男人形体的美。女人或男人有她／他的美，树木有它的美，线条有它的美，水有它的美，涌动的海有它的美。不过，我们要寻找发现的是那完全没有矛盾事物的感觉，是那完整的，完全的，健全的，理性的东西；这样的心才是美的心，也才是宗教的心；这是因为你体现了完整的能量的缘故。

因此，这样一种神圣的东西不受思想影响，不受人的影响，也是人无法用他的欲望、惊恐、争吵、灾殃使之腐败的。发现这个神圣的东西不但是冥思的一部分，也是悲伤的止息，所以也是智慧的开始。可见智慧不是从书本，从学校学来的。你这个人类内心的悲伤止息了，悲伤的止息就产生智慧。

你一旦彻底转变，你就会影响人类的全体意识。你是人类，也是人类的运动。这是事实，是实际情形。你改变，也就影响这个世界。

所以这是你重大的责任。我们必须非常小心所有的心理经验、主观经验；因为这种东西破坏性最强。

冥思意味着有条不紊的生活，所以也是极有德行，极有道德的生活。冥思也表示美的了解，美的深度。冥思表示清理意识，也就是清理自己和你所有的执著、恐惧、希望、欲望——观察并清理这一切。

这样的话，你才会有能量发现那永恒者，发现那无始无终的东西。

一九七六年四月十八日　加州欧亥

生命的完整

看到整个世界的现况，不知道这个世界为什么这样乱？为什么人要毁灭人？为什么要花那么多钱在军备上？为什么人会分裂成浪漫的部落式民族国家？为什么教会、宗教也会分裂？这个人世为什么会有这样的分裂？我们总认为有一个外在的机关制造了这一切混乱；总认为“上帝”或什么无上的实体创造了人，并且在人世放纵他。人——不只对他人或对自己内在——的所作所为都令人惊骇，难以置信。这个世界为什么有那么多人那么神经质？为什么男人和女人总是斗个不停？为什么人有这样内在的混乱，这种自然形诸外在的混乱？

我们的生活产生了我们的社会。社会并不是什么非比寻常的事件创造的，而是我们不寻常的生活创造的；不只是我们创造的，也是以前历代人创造的。那么今天是否可以共同探讨这个问题？共同思考这个问题？不但是思考，而且还要超越思想领域？我们一再指出思想是记忆所生，记忆则是知识与经验的结果。不管是什么东西，我们的知识都不完整，所以知识永远是狭隘的，思想也是。思想所由生之物必然非常非常狭隘。我们生活的这个世界，日常生活，我们的生涯，我们的焦虑、恐惧、悲伤皆是思考的结果，都是日常行为的产物。

那么，我们是否可以来看看整体的生活，我们的教育、职业、嗜好、工作、内心的劳苦、心理的冲突、焦虑、恐惧、快乐、悲伤？我们是否能够把这一切当做整体看待，不让思想占据其中的一部分，其中的一个模式，或紧抓一种经验，从单独一个观点看待生活？我们会像现在这样生活是为什么？这个世界，我们自己，为什么这么乱？这个世界的混乱和我们自己的混乱是否有分别？

为什么会有内在的混乱和外在的混乱？两者是否有分别？是不是一个一元过程？外在的混乱和内心的混乱其实没有分别，然而这个混乱是一种形诸外而又回到内心的运动，好像潮汐一样，往复不停。那么，我们是否可能使生活有秩序呢？没有秩序就不得自由。完整的秩序——不是偶然的秩序，历时一个星期的秩序，而是日常生活的秩序——不但使我们自由，而且这个秩序当中还有爱。置身冲突当中，混乱的、疑惑的心不可能觉察爱之所以为爱是怎么一回事。

秩序是否有绝对的秩序？这里用“绝对”指的是它正确的意思，也就是“完全、完整”的意思，不是指知识创造的秩序，建立在价值观上的秩序，不是由环境压力产生的秩序，适应某种规范、模式的秩序。我们所说的绝对的、完整的秩序，其中完全没有因为分裂而生的混乱。我们问是不是有一种绝对没有混乱的秩序。

我们的心——包括脑、感情的反应、感官的反应等等——为什么会接受混乱，活在混乱当中？你要是观察自己的心，也就是说，你要是观察你建立在心、思想、感情、经验、记忆、懊悔、忧虑上面的生活，你就会问，在其意识内具有这一切的心为什么会接受混乱？我们的心为什么不但有神经质的混乱，接受混乱，与混乱同在，习惯于混乱，而且还会有分裂，有混乱与秩序的感觉，有这种不断的调整？这是否难以避免？是不是我们的自然状态？如果是的话，那么从出生的一刻到死，我们便注定要与冲突同在，必然要活在混乱当中。如果不是的话——显然不是——原因何在？基础何在？根源何在？其基础是否建立在我们的某些态度、某些欲望之上？

我们想弄清楚这种混乱的基础何在，根源何在。要弄清楚，如何着手？我们要如何着手才能完整地解决混乱这个问题？你有什么途径？会不会想从混乱中寻找秩序，所以你的途径已经有了方向？假设我现在置身混乱当中，而我想要带出秩序。这个欲望的本身已经决定了，这个秩序必须是什么样的秩序。但是，如果我处理混乱这个问题，只是想寻找它的根源，那么我的方向就不会走错，浪费在各种知识的、言辞的、感情的事情上面。我的注意力将全部集中在它的原因上面。因此，身为活在这个尘世的人类，内外在都置身于混乱的你如何处理这个问题？我们必须非常清楚自己的途径何在。

如果清楚的话，我们就一起来探讨混乱的根源。混乱的根源是自我矛盾吗？是在我们内在制造分裂的欲望吗？有分裂就有冲突。冲突就表示混乱。冲突就是混乱——不论是小小的冲突，还是酿成大危机的冲突都一样。我们的冲突是否在于自我矛盾——说一套，做一套，有理想又不断想合乎理想？是否在于想成为什么的欲望？这样的冲突是不是思想制造的？我们说过，思想本身是狭隘的，所以会分别内在、外在，分别“你”和“我”。思想总是想成就原本没有的东西。这样心理不断地分裂、“变成”、矛盾、附和、比较、模仿是不是某个主因的各种表现？

这个主因是什么？这个根源是什么？你现在演练你的心，所以你觉察到自己怎样处理这个问题，觉察到你自身的矛盾、冲突、分裂、忧虑。但我们是否觉察这一切？抑或只是觉察其中一个片断——需要立即反应的片断？就像我只关心我的谋生，因为那是立即的需要，我再也不会关心其他的事情。我需要钱，需要吃；我有子女，有责任，所以我的欲望会把我带向找工作的途径。又或我总是按照某个模式、某个方向思考事情，我又没有觉察到自己陷在这个模式里，我就会按照我的心设定的模式处理问题。又如我感情丰富，很浪漫，我处理问题的方法就会很散漫，不准确，不精准。

所以，我们必须很清楚自己怎样处理问题；如果我是按照什么模式来处理问题，就解决不了问题。因此，我们的心是否能够免于模式？免于理想？免于方向？你是否觉察到这个世界一天比一天严重的混乱？是否觉察到我们传承下来又增添上去的内在的混乱？是否觉察到我们生活的社会极度混乱，充满了不公不义，一方面有暴政，一方面却有民主的思想自由与言论自由？

我们的心，我们的意识，就是世界的心，世界的意识。这个世界，不管走到哪里，人都在受苦，焦虑，疑虑，孤单，绝望，烦恼和悲伤，不安。在心理上，你就是人类全体，与所有人类没有分别。说你是个体，有特别属于你的心，这个想法真是荒唐；因为我们的脑是在时间当中演进而成的；那是人类的脑，在遗传上是人类的一部分。所以你就是世界，世界就是你。这不是概念，也不是观念，不是乌托邦式的胡说八道，而是事实。这样的心极度混乱，而我们现在想要弄清楚这种混乱的根源。

男人与女人之间的分裂，国家与国家的分裂，团体与团体的分裂，种种信仰、理想、概念、历史结论的分裂，原因何在？分裂必然会制造冲突。这是事实。我们认为分裂之后，就会有安全。分裂成英国、法国、德国之后，每个团体都在某个旗帜之下紧紧维系成一个观念，一个概念，他们认为这样就会安全。但是这种孤立必然会制造分裂。如此这般，我们是否深深地了解“只要有分裂，必然有冲突”这个真理？这种孤立，这种逃遁显然没有安全可言。你可以在自己身边筑一道墙，建立国家，然而这一道墙最后必然倒塌。

因此，这种分裂的原因何在？根源何在？世上的每一个人类都按照他和别人有别，有他自己的焦点、精神官能症、思考方式的模式来思考，生活。这个模式的中心就是“我和你有别”这种观念。这是不是事实？每一个人都有分别，完全不同于别人是不是事实？你或许高高的，或许矮矮的，或许黑头发，或许白头发，我们的内在是否不一样？我们每一个人内在的经历都一样，或者说，都很类似。所以在心理上，我们每一个人并无分别。只要我们还接受“你我有别”的观念，就必然有冲突，必然有分裂、混乱。

你现在听到这样的讲法，说只要认为在心理上和别人有别，就必定有冲突和混乱。这是事实。但是你听到这句话时，是把它当做一个抽象观念看待，等等看这个观念怎样才会变成真的，还是把它当做事实？你要是把它当做事实，你就可以有所作为。如果只把这个事实当做抽象看待，我们就会迷失，因为你有你的观念，我也有我的观念。然而我们身为人类是站在这个共同的事实上面：只要你和我有分别，就必然有冲突、混乱、疑惑。但是我们的心这样的饱受制约。几千年来一直受到别人的话的制约，认为人人有别。各种宗教都在说我们人人有别，每个人必须拯救自己。这个模式一直在重复，一直在重复。就因为这样饱受制约，所以很难接受可能真实的东西。我用“可能”是因为我不教条，然而那是事实。只要你愿意，随你去分析，用论据，用知识来分析，解释，到最后我们还是碰到这个事实。

如果我们想了解混乱的本质，混乱的止息——完全的止息，不是相对的止息——那么你是否觉察到这个事实？如果有的话，这就产生了一个问题：我该怎么办？我知道我分裂了，我怎样才能消除这种分裂？

这个分裂的事实和观察事实的观察者是否有分别？我解释一下。我在观察贪婪。我很贪婪。那么我观察的这个贪婪，和这个说“我很贪婪”的观察者是否有别？这个贪婪是不是就等于观察者？对不对？这个说“我很贪婪”的观察者和对贪婪采取行动，说“我不可以贪婪。我要控制，要克制，要超越”的观察者是没有分别的。但是因为想控制，想超越，于是就有了分裂。这个分裂就是冲突，所以就是混乱。事实上，说“我很贪婪”的这个观察者就是贪婪的本身。各位是否了解？如果了解的话，我就要问：这个混乱，这个分裂本身和观察这个混乱、这个分裂的我是否有分别？这个混乱，这个分裂是否就是我？我的整个人就是那个东西，对不对？不知道各位是否了解这一点？否则你就探讨不下去了。请各位务必要了解！只要你能够一举了解这个事实，这个事实真的非常重要。只要你了解，你的生活将完全改观，因为这里面就不会再有冲突。我会指出这一点。

假设我很执著于某一个人。这样的执著及其后果当中，是无数的痛苦、嫉妒、焦虑、依赖。因为执著于那个人，于是立刻有了分裂。这个执著，这个依赖，紧紧抓住某人和我是否有分别？我是不是就是那个东西？我就是执著的本身。只要了解这一点，冲突将随之止息。确实如此。我不必怎样去除执著，不必怎样独立，不执著。不执著就是执著。我试着不执著，我就执著于这个不执著。

所以，当我说我很执著，我就是执著的本身，我就是执著的状态时，我是否已经把“没有分别”这一点说清楚了呢？所以，我已经清楚了所有的冲突，不是吗？各位是否了解？我就是执著本身。

所以我就是混乱的本身。这不是我了解我是混乱本身，或者别人说我是混乱本身，而是我身为人类置身在混乱当中。这时候不管我做什么，都只会带来混乱。如此这般，我置身在全然混乱的状态。所有想要克制混乱，压制混乱，脱离混乱的努力全部没有了，所有逃避的运动全部平息。如果没有平息，待在这里，不要动。要免去所有的逃避，所有言辞的、象征的逃避，全然地与“你身为人类置身于混乱状态中”这个事实同在。那会怎样呢？

我们是朋友在谈这件事，不是什么治疗，什么胡说八道的东西，什么心理分析。我们是两个人在谈这件事，在说我们怎样理性地，不滥情地，合乎逻辑地，因此也是健全地达成这一点。健全这件事最难。如此这般，我们已经达成了这一点，那就是，我就是这混乱的本身。那我们的心会怎样呢？

以前，我总是想压制混乱，想知道怎样才能不混乱，去拜师，去找人谈。我这样做浪费了能量。我的所作所为都浪费了能量。现在我已经了解自己混乱不堪。这会怎么样？请听我说！我的心完全关注在混乱之上。我的心处在完全关注混乱的状态之中。对不对？这会怎么样？因为完全的关注，所以没有了混乱。只因为不关注，所以才生起混乱。因为分裂——也就是漫不经心，所以才生起混乱。

完全的关注就不会耗费能量。我一说“怎样才能有这种完全的关注”，能量就开始浪费。你一旦了解漫不经心会造成混乱，这漫不经心就是关注。

现在，我们就要用这样的关注来检查恐惧、快乐、苦。免于恐惧非常重要。我们的心从来不曾没有恐惧。你可以掩饰，可以压抑，可以没有觉察，可以由于外在的世界令你目眩神迷，所以不曾觉察自己根深柢固的恐惧。有恐惧就没有自由，没有爱，有的只是不满足。要看清这一点，你必须能够奔跑——不是身体奔跑，而是内在奔跑，跳跃，不要像麻雀一样一步一步地跳。

我们可以看到恐惧在生活当中所为何事。恐惧把黑暗带到我们心里。我们说的不是哪一种神经质的恐惧，而是恐惧的本身。我若是了解恐惧的根源，害怕某种东西的恐惧就会消失。如果我怕黑，这是我特有的恐惧；我希望这种恐惧消失。所以我并不关心恐惧的整个领域。如果我关心恐惧的整个领域，特有的恐惧也就跟着不再存在。我们关心恐惧的整个领域。因此，恐惧是否可以完全消除，所以那实际的恐惧，心灵复杂的恐惧，内在的恐惧也跟着消失？实际的恐惧处理起来很简单，但是如果你执著于那实际的恐惧，只想解决这实际的恐惧，那么你执著的这个东西就会制造分裂，因而制造冲突。如果我们先了解心理的恐惧，那么你就有办法处理实际的恐惧。这个顺序不能倒过来。先处理那个比较大的恐惧，处理恐惧的本质、深度与黑暗，那么你就能解决某些特有的、实际的恐惧。不要倒转过来从实际的恐惧开始。但是我们都想这样做。

心理的恐惧远比实际的恐惧重大。心理的恐惧使我们变得很丑陋。因为恐惧，所以我们残暴。我们假上帝之名，宗教之名，社会革命之名行毁灭之实。我们身为人类和恐惧共存已有无数的时间，这样的人类是否可能免于恐惧？我们以前就提过这个问题；那么，你怎样处理恐惧这个问题？你是否用“想解决恐惧的欲望”处理这个问题？如果是的话，你便是再一次把自己和“恐惧”这个事实做了分别。所以，你是以一个有所害怕的观察者在处理恐惧，想解决恐惧。你是否了解自己就是恐惧的本身？

你是否已经全心全意关注这件事实？是否关注身为人类的你，等于全体人类的你很害怕，自觉或不自觉地活在恐惧当中，活在或表面或潜匿的恐惧当中？你只要关注，那潜匿的恐惧将完全显露出来。

各位要探索自己，观察自己。不要光是同意论者的话。论者不重要。我是说真的，他不重要。重要的是你从这里走出去之后心里再也没有一丝恐惧的阴影。那么，你觉察到恐惧之后，是不是开始逃避？是不是想找解答？想克服？如果是的话，你就是在消耗能量。

于是你开始分裂，因此也有了恐惧和去除恐惧之间的冲突。这一切就这样生起。但是，如果你了解你就是恐惧的本身，那就不再需要什么运动了。你就是恐惧本身，因此你的关注力全部导向那里，也就是导向那恐惧的本身。恐惧就这样掌握在那关注当中。

这些都要看你自己。你们看，只要我们想克服，这个克服的本身就需要克服。但是如果你说“是的，这是事实；我不逃避事实”，那么事情就跟着化解了——是完全的化解，不是相对的化解；不是有一天化解，隔天又充满了恐惧。完全关注于它，它就会化解。

快乐也是一样。小心！这里我们必须非常小心！

我不知道各位是否发现，从一开始就有一个东西一直在驱策人前进，那就是快乐，就是趋乐避苦。你们在绘画当中，在文学作品当中，在种种符号当中都可以看到这种现象。万事万物都在说：追求快乐，避免痛苦。思想可以把生活分别成恐惧、快乐、悲伤、工作。不过这一切其实就是一个东西，不是吗？且看我们的所作所为：我们的心已经饱受制约，永远在接受永远活在“追求快乐”的规范当中。上帝——如果你的心目中有这个形象——其精髓就是快乐。你可以给它不同的名称，不过你的冲动仍然在于获得那最终的、崇高的快乐，这样你就永远没有纷扰，没有冲突，等等。但是我们必须了解这个东西，不要压抑，不要逃避。

快乐为什么和悲伤、恐惧一样，变成生活当中这么重大的东西？各位是否了解悲伤这两个字？是否了解人类的苦，几千年的苦，战争经年不断，毁灭人，毁灭大自然，毁灭牲畜、鲸鱼，一切？人不但自己苦，也制造苦。这是我们的一部分，我们意识的一部分。我们总是想逃避，因为我们解决不了。我们认为追求快乐最重要，追求快乐至少还有个准，有个真实的东西持续下去。于是这个东西变成主角，恐惧、悲伤、焦虑便退居为背景。这个主角不只是性的快乐，还包括记忆、情景等等，全部都在心里持续着。你如果去观察，就会看到实际的情形，就会看到你的心塞满了这些东西。这些东西不是真正的行动，却是囤积。而这种囤积却叫做爱。如此这般，快乐、爱、苦、恐惧全部纠缠在一起，互相牵连。

因此，你是要恐惧、快乐、悲伤分开一样一样地看呢，还是你有能力处理这一切整体？因为我们的心本身支离破碎，我们便一样一样地看，一样一样地解决，希望能使我们的心不再支离破碎。那么你要怎样处理这一切的整体？你要怎样处理作为生活整体运动的混乱、快乐、恐惧、悲伤呢？不是把这一切当做一件件有所分别的事情，而是看做一个整体——你可以吗？这就是说，你有办法像看镜子一般，从心理上观察这一切的整体吗？或者你只能一部分一部分地看？

你要怎么观察自己？你是否有办法把你的工作、妻子、儿女、宗教、思考方式、经验、观念、意图、野心全部当做一元运动看待？要解决全部的事情，这是唯一的方式，一个片断一个片断来不行。

一代接一代支离破碎的心、脑、感情要怎样处理和了解整体呢？你会不会一个片断一个片断地处理整体生命——工作优先、金钱优先、房产优先、妻子、儿女、性等一样一样来？抑或你的心能够看到“存在”的整体？你的心可以吗？你是否很努力地想要看到生存的整体？如果你真的很努力想看到，那就完了，你绝对看不到，因为你已经制造了分裂、冲突、混乱。要看到生命是一种运动，你必须真正地学习。学习——不是向我学习，而是借着观察向你们自己学习。学习观察那种分裂，看清楚那种处理的徒然，看清“你不可能借片断处理整个宇宙”这个事实。你的心必须能够接收整个宇宙。这唯有在你的心完全清楚了混乱、恐惧之后才有可能。这时就再也没有分裂的阴影，没有“你”“我”分别的阴影，我的国家，你的国家，我的教条等的阴影。这就表示，一旦有了完全的自由，就会知觉到整体。有了这样的知觉，这样的智慧，你便可以在这个世上行动，在这个世上找工作或不找工作，随便怎样都可以。但是我们却是部分地在对待整体，在这个世界制造动乱。

心为什么会活在时间当中？心在时间当中演进。我们的心已经演进了几千年。显然这是正常的、健康的。然而我们要问时间为什么会在心理上，在内在变得这么重要？是我们老在逃避当下即是以成就别的事情，总在从“这样”移向“那样”的关系吗？心理上我现在是这样，但是我不应该这样，应该那样。心理上我很不快乐，我应该快乐起来才对。所有这些“必须”、“将”、“应该”都是时间的运动。由于心总是在离开“这样”，离开当下即是，所以永远陷在时间当中，在时间当中改变：“给我时间，我会好起来的。”这就像练肌肉一样。你的肌肉原来可能不够强，如果你加以锻炼，便会日渐强壮。我们也是用这样的想法在说“我现在这样，但我会那样，所以要给我时间”。当下即是会在时间当中改变吗？假设我很焦虑，这个焦虑会在时间当中改变吗？也就是说，我会变成或者进入没有焦虑的状态吗？现在我们来看看我做了什么事。我很焦虑，我投射了一种不焦虑的状态，若要达到那种状态，我需要时间。但是我从来没有问过，我的焦虑是否能够不用时间而立即改变。我们再来看真正的情形如何：我很焦虑，我很希望自己不焦虑，接着有一段时间的间隔，一段时间的持续，这段时间之内，所有的活动，各种压力、各种粗心大意、漫不经心照常发生，焦虑根本没有解决。我认为我可以达到没有焦虑的状态，所以我一直努力，一直用力。这和粗暴的人没有两样。他发明“不粗暴”，可是在那一段时间之内他依然粗暴，所以他从来没有到达不粗暴的状态。

所以我们的问题就是：当下即是能否立即转变？也就是说，不让时间牵涉进来？请各位好好地听，然后你们就会清楚。真的很简单。只要用心，什么事情都会解决。他们已经登陆月球，他们制造了神奇的潜水艇，做到了难以置信的事情。可是心理上，我们依然这样无能，这么勉强，而且是我们使自己无能。如果你能够不认同时间，不以时间来思考，那么事实就不存在了。是因为我们认同时间，事实才变得那么重要。没有时间，事实也就跟着化解。假设我在这一秒当场死掉，这里面一点问题都没有；但是我一认同时间，我就开始怕死。要是我活着而完全没有心理的时间，这真是不得了的一件事。时间表示累积，表示记忆，表示累积关于自己的知识。可是，如果心理上完全没有时间，那么就什么都没有。

由于我们认同时间作为介乎生与死之间的因素，所以便生起了恐惧。生里可以找到死的本质。这就是说，死是结束，是我所有的东西，我的妻子、儿女、房子、银行账户的结束。这种结束无可争论。我不可能对死亡说："请等一下。"有结束就有开始。这一点我会讨论。

要是不再执著——完全不再执著，而非只是不执著于人，不执著于观念，而是整个过程完全停止，连带执著的一切结果全部停止——心的状态就会完全不同，不是吗？我执著于我拥有的家具，这个执著就成了负担。但是负担一解除，我就有了自由。所以结束比开始重要。这样的话，我，在活着的时候，是否可能结束？结束我的焦虑，结束我的恐惧。结束——不是结束银行账户，我说的不是这个——而是心理上的结束。结束我的疑虑。我有疑惑时，把这个疑惑结束，不要说："我必须弄清楚我为什么疑惑，弄清楚疑惑的原因；我必须去除疑惑。"这一切都是时间，都是漫不经心，而勤奋却是觉察整个时间的运动，当下结束焦虑。这样，心理上就不会再累积知识。

死就是结束，一切的结束。死是结束，但是我还活着。我们活着，很活跃。我们是否可能在心理上结束一切？你是否能够立刻结束你的执著，立刻结束你的愤怒、残忍、贪婪，你的这个、那个……活着的时候结束？这样的话，生就是死——不是先生而后死。生意味着死；否则你就不是活着。大部分人之所以怕死，就是从来没有办法活得适当，从来不曾真正活着。我们活在冲突、挣扎、痛苦、焦虑当中，我们说这就是生。然而生不是这么一回事。要这一切都结束，才有生可言。你就是这样的生与死，两者相合，如同花和花香一般。花香和花没有分别，是和花在一起的东西。

这实际上即是结束衰老。只要你能够深入其中，心就不会像长期开动而磨损的机器一样变老。不过，这个心并不是你的心，而是人类的心。这个人类的心是百万年的心，是印度人的心，中国人的心，俄国人的心，所有其他人的心，因为他们经历的痛苦、焦虑、悲伤、快乐，偶尔的欢喜与爱都一样。所以，我们的心是人类的心。你要是了解这一个真实的事实，我们活着就不会有分裂——在这个世上制造灾祸的，就是这个分裂。

由于人类的心永远喋喋不休，永远从一物移向一物，永远受欲望的驱使，永远在趋向得利，避免痛苦，所以也永远在追求一种平静，一种平安，希望至少获得短暂的平静。人一直在追求这种东西。上教堂，静坐，等等。如果没有马戏团表演，就上神奇的大教堂，获得平安。奇怪的是，这些教堂除了空无一人的时候，从来就不平静。如果你真的平静，就会想探索事情。你很平静，就会开始怀疑事情。如果你一直都有事情，就不会有时间看东看西，怀疑，质问。这也许是人心厉害的计谋之一。

冥思是什么东西，我们又为什么要冥思？冥思自然吗？冥思是否像呼吸，像看东西，像听声音一样的自然？我们为什么使冥思变得这么不自然？按照佛教的体系，基督教的体系，檀特罗的体系，你最景仰的上师订的体系打坐。这些东西不都是不正常吗？我打坐为什么非要某种姿势不可？我为什么一直修行，修行，修行？要追求什么境界？遵循某种方法——早上打坐二十分钟，下午打坐二十分钟——心就会静吗？小小的一颗心获得了二十分钟的平静，接着却是整天的惹是生非。

那么，有没有一种冥思的方法是没有这些东西的呢？有人说冥思就是要使心静下来，使心能够观察，完全的专注，完全的集中，于是除了一个念头，一个景象，一个形象，一个你观察的东西之外，不再有别的东西。对不对呢？不知道各位是否尝试过这些方法？这些方法，论者每一个都试过一个半小时，或十分钟，或五分钟，可是什么东西都没有。

各位必须探讨这个控制者和被控制者是什么人。各位如果好好观察，就会发现我们的生活完全是“控制”和“不控制”：我必须控制感情，必须控制思考。我唯有不断修行，才能控制思考。要修行，就需要体系。体系就意味着机械化的过程，使我们的心越来越机械化。我们的心够机械化了，我们还想使它更迟钝。为什么我们会经历这些东西呢？你想要有某种体验，你知道毒品对你有害，所以不吸毒，然而你希望修行某种法门来体验某种东西。

人类为什么需要经验？我们的心是不是老在沉睡，而经验意味着挑战？或许我们的心是清醒的，根本不需要什么经验。各位必须弄清楚你的心是否在沉睡，是否已经厌烦了性、毒品等经验。你想要有超越这一切的东西。你总是在渴望更有趣，更快乐的经验，我们的心为什么老是需要经验？拜托，请各位问一问自己。

其实只有一件事。心如果清明的话，就什么执著都没有。这样的心是自己的明灯，所以不需要什么经验，不需要经验什么东西。“开悟”是体验不来的。说什么体验开悟，这种观念真愚蠢。说“我达到了悟境”，这个话是不诚实的。真理是不可能体验的，因为有体验必有体验者。没有体验者，就没有体验。可是我们执著于体验者，所以需求总是越来越多。

目前大家接受的冥思方法是修行某一法门——某种正确的姿势，正确的呼吸，希望或渴望得到比较不得了的体验，乃至于究竟的体验。这就是我们现在的方法。这一切其实都是挣扎，永无休止的挣扎！请看我们所为何事。我一直在挣扎，挣扎，挣扎，为的是以后可以不再挣扎。请看我们替自己设下了什么陷阱。我陷在时间当中。我不说：“为什么我总是挣扎不停？”我只要能够不再挣扎，这其实就是开悟。再也没有冲突的阴影。可是我们不想放弃这一切努力。我们陷在时间里。要免去时间，就要做纯粹的观察；这样的心就会异常的平静。你不需要怎样想办法使心平静；只要所有的冲突止息，心自然就很平静。心绝对寂静，一念不起时，或许你真的就会看到什么东西，看到超越言辞的、神圣的东西。这个人一直在追求那无可思量的东西，那超越意念、不坏、不可名、永恒的东西。这只有心绝对的自由，完全的寂静才有可能。

所以我们必须从很近的地方开始。从很近的地方开始，就没有所谓的远。从很近的地方开始，就没有距离，所以也没有时间。只有这个时候，那最神圣的事物才会显现。

一九八〇年九月六日、七日　布洛伍德公园

悲伤的止息

我的朋友们，如果你曾经聆听你自己，那么论者就是一面镜子，只是让各位看清自己的真实面目而已。看到了自己的真实面目，你自然可以把镜子打破,丢掉。镜子本身并不重要。镜子没有什么价值，有价值的是你在镜子当中清楚地看到自己的面目，看到自己的卑下、狭隘、残酷、焦虑、恐惧。你一旦开始了解自己，也就开始深入某种无可思量的东西。但是，你必须走出第一步。这第一步，谁都没办法帮你走。

今天我们将一起思考，走一条宁静而充满极度美感的巷子。我们常常讶异美究竟是什么东西。你或许在博物馆，在别人家里看过什么雕像、绘画，或美丽的佛头。你会说那是多么的美。可是在那言辞之后，在那构图、光影、比例的后面，美究竟是什么东西？美是你看它的方式吗？美存在于绘画当中吗？在于人的面貌上吗？蓝色的天空衬着美丽的山岳，山谷极深，山巅覆雪。你看着这一切极度的美，有那么一刻浑然忘我。山这样高，晨曦照见那最高的山峰，光影多么美丽。这一片美景震慑了你的脑。有那么一秒钟，你全然忘记了自己，忘了你的烦恼，忘了你的妻子，你的先生，子女，国家。

你用全部的生命看这一片美景，没有矛盾，没有二元。它的灿烂就在眼前，那极度的美有那么一秒钟把自我，把“我”摆到一边去了。

进来时，我们刚好看到出来的月亮，很新，很朴素。我们就想了：谈论有何用处？读书，参加讨论会有什么用处？如果这么朴素简单的东西都看不清楚，都无法用爱，用情感去看；无法单纯地看简单的事情，单纯地处理生活及其复杂的事物；无法不累积过去的知识、传统的知识，那么所有的讨论、阅读有何用处？单纯地，以没有负担的脑，主动的脑，活生生，充满能量，清明，朴素地看生命巨大的活动。

既然这么说，我们就一起前进吧！做人很苦。战争连年不断。五千年来，几乎每一年都有战争。人类互相杀戮，破坏建设，伟大的成就一夜之间毁坏殆尽。不断的冲突、战争——这就是人的历史。人因为战争而饱受苦难。有多少人为他们的儿子流泪，为先生的终生残疾、瞎眼流泪？人总是在哭泣。我们也在哭泣，因为生活太空虚，太孤单。我们——所有的人——看到别人受苦，看到自己的哀伤、痛苦、焦虑，看到贫穷，不只看到穷人的贫穷，也看到自己内心的贫穷。我们看到这一切，也觉得很苦。一旦看到这极度的贫穷，虽然有那么多的知识和信息，也不禁滋生了极大的悲伤。

悲伤有孤单的悲伤，人对人不人道造成的悲伤，有失去朋友、儿子、兄弟、母亲等的悲伤。几千年来我们带着这种悲伤活着，从没问过这种悲伤是否可能止息。但是现在，看着这个世上的悲伤，看着你生活中的悲伤，心里的悲伤，思想里的悲伤，脑里的悲伤，我们就要一起问这个问题。要问这个悲伤是否可能止息，或者人要永远将悲伤从过去带到将来？悲伤是否可能止息？

爱这个东西是有艺术的。同理，质疑、怀疑也有艺术——怀疑自己的结论，怀疑自己的意见，怀疑自己为何容忍“悲伤”这巨大重担。

自怨自艾，十足的孤单感也是悲伤，因为重大的失败、比较，经由整个的互动感觉和任何人都没有相干也会造成悲伤。我们从来不曾使悲伤止息；宁可逃避，追求某种舒适，吸毒，以求得慰藉。

所以，我们是否能够不试图寻求解答，不问悲伤可否征服，完全只是觉察，只是看清楚“悲伤”这两个字全部的含义。从字源上来说，悲伤（sorrow）也有热情（passion）的意思——不是情欲，而是热情。没有热情，生命会很呆滞，毫无意义。悲伤的止息会带来热情。我们可以一起来看看这两个字，看看所谓悲伤这个东西的意义。人一生都带着悲伤，我们要正视这个东西，不替它解释，找原因。悲伤有种种原因——儿子死了，做事情失败，欲望不得满足，没有身份地位，等等。如果你探索悲伤的原因，便会妨碍自己正视这两个字，正视悲伤的力与美。

悲伤意指哀伤、痛苦、焦虑、极度的孤单、无意义的生存。这两个字包含这一切，当然还有其他东西。那么，你是否能够像看珍贵的宝石，奇妙的雕塑一样完整地看悲伤？掌握它，与它同在，不让思想进来干扰它的真实。只要能够与它同在，这两个字，这两个字的含义将随之止息，可是我们从来不曾和什么东西同在。我们总是在追寻事物的结果，永远在偏离那个赋予我们巨大生命力、巨大力量、巨大热情的宝石。

那么，今天我们是要一起同行呢，还是听听一些话，然后浪漫起来、激动起来，因而不再正视这件事，正视自己生存的痛苦、哀伤、空虚？即使真的掌握了这一颗宝石，这一颗不凡的宝石，但是人们却想尽办法做任何事来逃避这一颗宝石。讨论这颗“宝石”的书卷帙浩繁。可是，书籍、解释、文字究竟不是真实的东西。要与真实的东西同在。这样，这种关注就会使我们称之为悲伤的东西止息。

有悲伤就没有爱。爱和人脑的任何活动都没有关系。爱是没有恐惧，悲伤止息才会有的东西。这时候爱就会变成慈悲。慈悲就是热情，加上其中广大的智慧。

我们都会死。不过人类尽可能地排斥这件事。于是便有了生与死的二元。各位是否想过二元到底是什么东西；二元——也就是二物对立——是否真的存在。我们都在传统之下长大，在教育、书本之下长大，所以都认为有二元，有矛盾，有男与女，有生气和不生气，有残暴与不残暴，等等。如此这般，我们把完整的生活分割成二元。但是在心理上，真的有二元，有对立这种东西吗？当然，男人和女人真的有差别，白天和黑夜，日出和日落都有差别。你比别人高，某人对谁比较公平，某人比别人有学问。这种实际的二元对立，金发和黑发、美与丑的对立是有的。

但是，心理上，内在，是否真的有对立这一回事？你们的传统说有，书本上也说已经解脱的人才能免除二元对立——这真是胡说八道。抱歉。你我可以单纯地看这个问题——很单纯地，没有哲学家那种心态复杂地看这个问题。外在的事物的确有二元对立。可是，内在，心理上，体肤之下，却只有一件事情。譬如你很生气，然后你说“我不应该生气”，这就形成了二元。思想从它的痛苦建立了理想。事实上，只有事实本身。残暴是事实，不残暴不是事实。这样说来，我们为什么这样重视非事实，任非事实制造对立？我们陷在二元对立这种丑陋的事情上面。二元对立意谓选择，意谓分别。

心理上，不管什么，到底有没有二元对立这种事情？我们有残暴、愤怒、憎恨、厌恶等等；这些都是事实。但是，发明非事实——譬如不残暴——认为自己应该喜欢别人才对，却是不真实。所以，我们有的只有真实而已；而事实是没有对立的。我们与事实同在，就不会有冲突牵涉进来。各位是否了解这一点？我们的生活状况完全建立在二元对立上面：我这样；我不应该那样；我是懦夫，我应该勇敢才对；我不了解自己，所以我必须了解自己。我们都陷在这种过程里面。我们却要说，事实在心理上根本没有二元对立。二元对立是思想为了逃避真实状况而建立的东西。我很残暴，这是真实。但是有很多人告诉我说，我不应该残暴。因为我很残暴，所以“不残暴”全是假的。如果我能够与真实同在，我就可以有所为，或有所不为，不假装。追求“不残暴”这个理想，事实上是跟自己玩游戏。追求不残暴，事实上你就是残暴的。所以，我们要说人的心理上是没有对立的，有的只是当下即是。你若是了解这一点，二元对立的冲突是否还会存在？

带着我们的脑“已经了解二元对立”这种品质，我们现在来看看所谓的生与死这个东西。我们想共同消除“当下即是”和“应该如何”之间的冲突。这样，脑才会自由，并且充满能量去面对事物的真实状况。我们现在有的是两相对立。要了解生与死两者，我们必须非二元地处理这个问题。生是什么东西？你们说生是什么东西？六十年来每天朝九晚五上班？在办公室受人指使、欺压，也欺压别人？抑或你是生意人，所以一天到晚想赚更多的钱，得到更大的权力，更高的地位，可是回家去却和老婆吵架，和她睡觉，讲话或肢体上侵犯她？这种挣扎、冲突，极度的绝望、沮丧总是持续不去。这就是我们所谓的生。你心底深处有的是恐惧、绝望、焦虑、哀伤。这是真实的事情，不是吗？可是你又害怕离开这些东西，因为这表示死之将至。我与这所谓的生深深地合而为一，在其中扎根，又害怕这一切结束。

于是你就说人是有下一辈子的。下一辈子就是延续原有的模式，只是环境不同而已。因此，如果你真的相信下一辈子，你这一辈子就应该活得正直——有道德，有德行，有人道才对。可是事实上，你并不相信有下一辈子；你只会说，只会写。你如果真的相信，你这一辈子就会活得很正直，因为，你现在如何，将来就如何。现在不改变，将来还是一样。这很合理，很健全。

对我们而言，死是全然的结束——执著之物的结束，你积攒的一切的结束。这些东西你带不走。你也许想拥有到最后一秒钟，可是却带不走。我们把生命分别为生与死。这样的分别制造了巨大的恐惧。由于这样的恐惧，我们便发明各种理论来安慰自己。这些理论纵然虚假，却令人心安。假象总是有某种令人心安的神经质。然而，我是否可能一边活着，一边对自己执著的事物死去？我执著于我的名声，死亡却一直在接近。我慢慢老了，因此也开始害怕，因为我即将失去一切。所以，我是否能够完全免除他人加诸于我的形象、名声？如此这般，我就亦生亦死。生与死并非分别极大，而是根本就在一起的。每一天或每一秒都没有累积，心理上都没有累积——各位是否了解这种高度的美？你必须累积衣裳，累积金钱，等等，这是另外一回事。然而心理上没有累积知识，不执著，不说“这是我的”。

那么，各位会不会去做呢？各位会不会实际地去做，因此使生与死的冲突，连带其中所有的痛苦、恐惧、焦虑完全止息呢？你——你的脑——是这样轮回的。我们的脑要这样清新的重生，因而获得巨大的自由。这样，你就活着又与死同在，你就是这个世界的过客，你就不会在任何地方扎根，你就会有一副活生生的令人惊异的脑。可是，如果你把昨日所有的负担都背在身上，你的脑就会很迟钝，很机械化。如果你每天都扬弃所有心理的记忆、创伤、痛苦，这就表示生与死是合一的。这里面就不会有恐惧。

一个人如果都不做这些事，他会怎么样？拜托，谈这种事必须极为谦卑、慈悲、有情。我从你那里听说了一种完全不同的生活态度。我了解这种态度的合理、健全、清明。我理智上了解这一点，言辞上也接受这一点。然而我还是照我原来的方式、原来的态度生活，因为我已经习惯。我会死，我会害怕——和多数人一样害怕。于是我就问我会怎样？我会不会重生？

我的意识接受原来的生活方式，又希望下一辈子会有比较好的机会。不过，这个我所谓“我的”意识是否真的是我的意识？这个意识其实是人类的意识。我们大家共同拥有这个意识，所以这个意识并不是“我的”。拜托，各位一定要质疑个人的意识是否真是个人的意识，或是全人类共同的意识。你经历的意识也是全体人类经历的意识，只是环境不同，环境的性质不同而已。实际上，你并不是个人。你也许有自己的身体，也许银行存款比较多；也许残障，也许健康，可是内在你却和全体人类共享生命。所以，你就等于是人类。只要你还认为自己是个人，你就活在幻象当中，因为你的意识，你的生活事实上是和地球上的每一个人共有的。因此，有一天你死了以后，你的意识还是会继续下去，因为那是全体人类共有的东西。这个意识只是通过某个人显现出来，所以那个人才会说“这是我的意识”，“我是个人”，“Atman”，“灵魂”等等。

所以，一种全然不同的生活态度是有的。于是你不再在意死，只关心生——包含死，与死同在的生。这个问题，我留给你们去思考。如果你们不了解，请不要否定，请弄清楚，请质疑，请怀疑自己的个别性。我们可以在心理上，过一种绝对不一直记录什么东西的生活，一种不再有记录的生活。譬如别人恭维你，侮辱你，这就是记录。要不记录他人的恭维或侮辱，你的脑就必须自由，没有几千个昨天的几千项记录的负担。

这个世界现有的宗教都接受教条，接受稀奇古怪的信仰，接受毫无意义的仪式。要弄清楚宗教是怎么一回事，就必须怀疑大家接受的这个东西，用生命、用力量将它扫除。我必须质疑、怀疑、扫除由思想拼凑的所有结构。你质疑这一切，想弄清楚宗教的心、宗教的脑的本质，必须先有探索的自由。你要是有什么假说，要不就放在显微镜下验证，要不就放在你清明的关注之下验证。你这样一个人类，若有那个意图、冲动、能量、热情，想要弄清楚是否有神圣之物，首先就必须没有恐惧，没有焦虑，要完全的自由。这就是冥思。

没有恐惧，没有焦虑，没有悲伤的时候，冥思才是真实的，实在的，诚实的。唯有不刻意努力冥思才会有冥思。这一点，恐怕和各位相信的一切都不一样。

怎样才能发现神圣之物？究竟有没有什么神圣之物？历代以来，人一直在追寻超越的事物。从古代的闪族人、埃及人、罗马人开始，人类就一直在追求这个东西。他们拜光，拜太阳，拜树木，拜母亲，却从来没有找到什么东西。因此，我们是否能够一起寻找，说正确一点，我们是否能够发现最神圣之物？

这唯有绝对寂静的时候才可能发生，唯有脑绝对安静时才可能发生。各位可以自己追寻——只要各位关注，谨慎，关注自己的言辞，关注这些言辞的意义，绝对不要说一回事，做又是另外一回事。只要你一直很关注，就会发现我们的脑有自然的节奏。但是，思想在自然的节奏上添加各种东西。对我们而言，知识无比的重要。只要是做实际的事情，都需要知识。可是，心理的知识——你所累积的关于自身创伤、虚荣、傲慢、野心等一切的知识，就等于你自身——我们想用这种知识弄清楚是否有那最神圣的事物。你用知识绝对找不到，因为知识都是有限的，一直都是有限的——不论实际上，技术上，心理上皆是如此。

所以，我们的脑必须绝对安静，但不是用控制的，不是遵循什么方法、体系，不靠寂静的培养。寂静意味着空间。各位是否曾经注意到我们的脑空间是多么的小？我们的脑堵塞住了，挤满了几千几万件东西，已经没有多少空间。然而，必须要寂静才会有空间，因为，那无可思量者，无可名者不是这小小的、狭隘的脑可能知觉，可以看见，使之存在的。你要是走入自己内在，清除你积攒的一切，然后非常深地深入，那么那个浩大的空间，那个所谓空性，充满能量的东西自然就会显现。

这种状态之下，那最神圣之物自然就会显现。

一九八三年十一月十三日　印度新德里

最神圣的真理

一、意识·形象·美·恐惧·时间·思想·自由[①]

今天要讨论的是我们从生到死的一生。在这一段时间之内，不论是五十年、九十年或一百年，我们遭遇到各种问题和困苦。我们有经济问题，社会问题，宗教问题，有人我关系的问题，有个人满足的问题，有想在什么地方扎根的问题。我们有无数心理的创伤、恐惧、快乐、激动。所有的人都有许多的恐惧，许多的焦虑、疑虑。另外我们还要追求快乐。这个美丽的地球，所有的人类都在承受巨大的痛苦、孤单。今天我们要一起讨论这一切，讨论宗教在现代生活有什么地位。另外还要讨论死这个问题，讨论宗教的心是什么东西，冥思是什么东西。思想之外是否还有什么东西？生命可有什么神圣之物？是否一切皆是物质，我们过的其实只是唯物的生活？

这是各位和论者之间的对谈，这里面没有宣传、传教的意思，也不介绍什么新理论、观念或什么外国玩意儿，否则就太可怕了。

① 本篇行文中的标题为中文版编者所加，为英文版原文所没有。

如果各位愿意的话，我们要像朋友一样谈问题。我们虽然互不相识，但是将一起谈话，讨论，对话——这比听演讲，听人家告诉我们怎么做，相信什么，信仰什么重要多了。我们要冷静地、不带个人观点地观察人类对这个世界或彼此之间的所作所为。不拘泥于哪一个问题或理论。我们要一起走过很长很复杂的路，一起行走，一起探讨，一起观察我们创造的这个世界。这是论者的责任，也是各位的责任。

我们生活的社会是人类聚合出来的。每个人都是其中一部分的成因。生活是很复杂的；我们却喜欢看复杂的东西，把生活越弄越复杂。我们从来不曾用我们的脑，我们的心，我们全部的生命单纯地看事情。我们活在这个地球上已经好几万年。在这段长久的时间里面，人类承受孤单、绝望、疑虑、混乱、多重可能的选择，所以也有多重的复杂。我们有的是战争——不只是真实的、血腥的战争，还有心理的战争。人类总是问这个地球会不会有和平。这个世界显然不可能有和平。就以现在来说，不论是意识形态的、理论的、经济或社会的战争，全世界大约有四十场战争在进行。历史上曾有一个时期——大约五千年到六千年之间——人类实际上每一年都有战争。即使现在，我们还是在备战。战争似乎是人类共同的命运。我们看到全世界，从小小的国家或部落，到你们这样富裕复杂的社会，都在整军建武。这样说来，你们在地球上怎么可能会有和平？可能吗？

有人说，地上不会有和平，天上才会有和平。不管在东方还是在西方，这种话都有人在讲，只是讲法不同而已。不过，基督教杀人比地球上任何一个人都多。我们观察这些事实，这些实际状况，要不偏不倚。这个世界还有各种宗教。佛教是没有神的。[①]印度教，

① 不主张神灵至上。

有人估计大约有三十万个神——真好玩，你可以随便选自己喜欢的神。基督教和穆斯林依据《圣经》和《古兰经》，只有一个神。宗教如此这般使人分裂。民族主义使人分裂，是部落主义的发扬光大；宗教狂热也使人分裂。印度、这里、欧洲的基本教义派，都在努力使他们的宗教传统复辟。不知道各位是否研究过复辟这两个字？唯有死去或快要死去的东西才能复辟（复活）。你不能使还活着的东西复活。

人总是置身冲突当中。这个世界的每一个人，都在经历大大小小的灾祸、悲伤、痛苦、极度的孤单。我们渴望逃脱这些东西。我们观察这个非凡的现象，那就是，过了几千年了，人还是蛮族——残酷、粗俗、充满焦虑与怨恨。这个世界越来越残暴，于是我们不禁要问这个世界到底会不会和平；因为，我们内在心理上若是没有和平，我们的脑就无法开展，人类就无法活得完全、完整。

人类经过了长期的演进，聚集了很多的经验、知识、信息。可是人类为什么一直置身在冲突当中？这才是真正的问题；因为只要没有冲突，自然就会有和平。我们对自己现在探索的这些东西既不生气也不恼怒。我们有责任不但在理智上、言辞上去探索，也要用全部的心、全部的脑、全部的生命弄清楚目前的状况是怎样形成的。

我们已经尝试过各种宗教，各种经济与社会制度，但是我们依然活在冲突当中。每个人身上这种冲突是否可能——彻底地，完整地，不是部分地，偶尔地——止息？这个问题很严肃，所以解答必须很认真。人类——包括各位，可能也包括论者——为什么一直活在冲突当中，有那么多的问题和分别？我们为什么把这个世界分为国家、宗教团体、社会行为者？我们可不可以认真地探索冲突是否可能止息？这首先要从内在，从心理上来探索，因为，只要内在有某种自由，我们就能够创造没有冲突的社会。身为人类，身为所谓的个人，我们有责任用我们的脑，我们的能量，我们的热情去发现——不是照某个哲学家或精神医生的看法，而是自己弄清楚——人与人之间这种冲突是否可能止息。

冲突是什么东西？我们的生活为何会有冲突？我们为什么会有问题？请各位和论者一起探讨这个问题。什么是问题？从字源上说“问题”（problem）是“丢给你的东西”，是挑战，是你必须回答的东西。小时候，父母送你上学。你在学校里会有写字、数学、历史、科学、化学等问题。所以，你从小就开始接受“要有问题”的训练。现在我们仔细地观察。你的脑已经受到制约，受到训练，受到教育“要有问题”。请自己观察一下。我们要一起研究，一起探索我们的问题。每次有新问题产生——这是不可避免的——那原来就充满了问题的脑就会加以解决，因而又制造了更多的问题。这就是这个世界的现况。全世界每一个地方的政客都在一个一个地制造问题，永远找不到答案。

但是，我们的脑是否可能很自由，因而能够解决问题，而不是塞满了问题？可能吗？你要是说可能或不可能，你就不再探索了。我们的探索重要的是高度的怀疑，高度的怀疑论，而不只看事物表面的价值，或者按照快乐或满足原理接受事物。生命实在太庄重了。

我们不但应该探讨冲突与问题的本质，更应该探讨一件也许更为重要的事情，那就是，不管走到哪里，这世界的每一个人都在忍受各式各样的悲伤。千百万人在哭泣，偶尔有些欢笑。这个地球的每一个人，譬如各位，都在忍受极度的孤单、绝望、焦虑，充满了疑惑、疑虑。心理上，这是事实，是实际状况。这可以观察，在每个人脸上看到。所以，在心理上你等于人类全体。你也许长得高高的，也许矮矮的，也许白皮肤，也许黑皮肤，可是心理上，你就是全体人类。请各位要了解这一点——不是理智上了解，意识形态上了解，或者当做一种假说，而是了解这是实际状况，热切的真实情形——心理上，你并不是个人。纵使印度教和佛教的某个部派除外，宗教总是怀抱鼓励个人成长与救赎个人灵魂的愿望。实际上，你的意识并非真是你的意识，而是全体人类的意识，因为我们遭遇的苦难都一样，也都置身于无休无止的痛苦当中。你只要了解这一点——不是感情上了解，理智上了解，而是知道这是真实的，实际的，真切的事实——你就不会再杀人。不论言辞上，理智上，意识形态或实际上，你都不会再杀人，否则你就是在杀自己。

然而，全世界每个地方都在助长个人的突出。每个人的努力都是为了自己，为了成功，为了满足，为了成就。每个人都在追求自己的欲望，因而在这个世界制造了灾祸。请各位用心了解这一点。我们并不是说个人不重要。但是如果反过来，你和大部分认真的人一样，你以自己就是全体人类来关心和平——不只是关心你家院子的和平，也关心全世界的和平——那么这真是一项重大的责任。

所以，我们必须亲自弄清楚为什么人类把世界贬抑成这个样子？这一切的原因何在？我们为什么凡事一碰，就把它弄得乱七八糟？我们的人际关系为什么有冲突？你的神和别人的神为什么会有冲突？我们必须一起探索冲突是否可能止息，否则我们在这个世上将永无和平可言。地球上的平和，在基督教成立之前，就有人在谈。在基督教成立之前很久，人就开始拜树，拜石头，拜牲畜，拜闪电，拜太阳。那时候没有“上帝”这个观念，人们认为地球就是母亲，应该崇拜，维护，珍惜，不像我们现在这样破坏地球。

那么，我们是否能够正视事物的真实面目，没有同意或不以为然，不跟你认为那是什么东西，也不从你什么是“当下即是”的观念或概念来看它，只是纯然地正视？可能的话，不用言辞去观察。这很难。

首先，我们生活的世界是非常真实的，你不可能借着修道生涯，借着宗教经验逃避。人在这个世上总是想尽一切办法，逃避日常生活的真实以及其中所有复杂的问题。男人和女人的关系为什么会有冲突？两性之间为什么会分裂？男人在这种关系当中追求自己的野心，自己的贪婪，自己的欲望，自己的满足，女人亦然。如此这般，两人都野心勃勃，都很冲动，都接受欲望的驱策，两条并行线除了性从来没有交会。两个人之间，都在追求自己的欲望、野心、贪婪，怎么会有关系？这种关系，已经这样分裂，所以根本没有爱。大家早就把爱这个字用滥了，或者不屑，或者贬低。这个字已经变成了感官的、快乐的字眼。但是快乐不是爱。爱也不是由思想拼凑出来的东西，不依赖激情。当两个人都认为自己比较重要，怎么会有正确的、真实的关系？自利，不论是在政客或宗教人士，都是腐败的开始，毁灭的开始。因为自利之心主宰了这个世界，所以这个世界才到处都有冲突。

这个世界有的是分别——譬如犹太人和阿拉伯人，譬如相信救主的基督徒和不相信救主的印度教徒。另外还有国家的分别，宗教的分别，个人的分别。有分别就必然有冲突。这是定律。因之，我们在小小的、划地为牢的我，狭隘的我之中过日子。“我”总是很狭隘，所以是冲突的起因。我们的挣扎、痛苦、焦虑，核心就在这里。

大部分人自然会觉察到这一点，我们也一样。但不是别人告诉我们，或者你读了什么哲学的书，心理学的书，而因为这是实际的事实。每个人都关心自己。他活在完全属于自己的世界。所以你和别人，你和你的神，你的意识形态便有了分别。因此，我们是否可能了解——不是理智上了解，而是深入地了解——你就是人类全体？因为你就是人类，所以不管你做什么事，你做好做坏，都会影响全部的人类。

你的意识并非你的意识，你的意识由其内容构成。没有这些内容，就没有意识。你的意识，和所有其他人类的意识一样，都是由信仰、恐惧、神、个人野心等构成的。你的意识由这一切构成，由思想拼凑而成。

希望我们确实在一起走这段旅程，希望我们走的是同一条路，而不是你们在听他人讲一大堆观念。我们不追求观念或意识形态，而是追求真确的事实，因为真理存在于真实与超越真实之中。有真理的时候最危险，因为真理会使我们内在产生革命。

各位曾经探讨我们为什么会问问题吗？不是你不应该，只是我们在探索这个问题。假设你问论者问题，而论者也回答了。这时你要不就是接受，要不就是否定。如果答案符合你所受的制约或你的背景，使你满意，你就说："我完全同意你的话。"你要是不同意，你就说："真是胡说！"只是，如果你探索问题的本身，那么答案和问题有没有分别呢？答案是否就存在于问题当中呢？花的芳香就等于花的本身。花是那芳香的精髓所在。可是我们总是这么依赖别人来帮助我们，鼓励我们，解决我们的问题。出于这样的疑惑，我们便制造了权威、上师、僧侣。

问问题是好的。你们都知道，我们已经失去了探索的艺术——不偏不倚，纯然只是观察事情的艺术。这种事很复杂。

我们应该还要问，为什么从小心理上就一直受伤。大部分人心理都有创伤。不论自觉或不自觉，我们的问题很多都是由这些创伤生起的。小孩子会因为咒骂，因为听到残酷丑恶的事情而受伤。当你说"我受伤了"，这个受伤的是谁？是不是你替自己建立的形象？是不是就是你的心灵？这个心灵就是"我"，这个"我"是我替自己建立的形象，其中没有什么精神性的东西。"精神性"这三个字也很丑陋。这个形象如此这般受了伤，而我们又带着这个形象过一生。一个形象如果是不快乐的，我们就另外拼凑一个快乐的形象，说它是值得的，重要的，能够赋予我们的生活以知识的意义。

活在这个地球上是否可能不对任何人——包括上帝（如果有这样的实体的话）——存有形象，不对自己的妻子、子女、丈夫或任何人存有形象？连一个形象都没有？能够这样，就绝对不会再受伤。

毫无扭曲，纯粹的观察与分析完全不同，与你看邻居的穿着、面貌、讲话的态度完全不同。纯然只是观察，不批评，不评价，不判断。观察树木，观察月亮，观察河川的奔流。这样观察的时候，问问自己：美是什么东西？

他们常常在报章杂志上谈美：为何你必须美丽，你的脸，你的头发，你的肤色，等等。但是，美是什么东西？美是否存在于绘画、图画，存在于奇异的现代建筑当中？诗里面有美吗？是否只有面容、身体才有美可言？你是否问过自己这个问题？如果你是艺术家、画家、文人，你也许会描述什么很美的东西，画什么美丽的东西，写出真能激励生命的诗。如此这般，美是什么东西？各位有没有发现，要是拿好玩的玩具给一个顽皮的小孩玩，他会立刻不再顽皮，完全沉浸在玩具当中。那么，沉浸在诗、容貌、绘画当中是不是美？看到一座奇妙的山，山顶覆盖着永恒的白雪，陵线衬托在蓝天之下。有那么一秒钟这样的美景驱除“我”所有的问题、焦虑。看见那美丽的峡谷、巨岩、河川，那一刻，那一秒，自我完全没有了。山驱除了自我，有那么一秒钟去除了你所有的问题，你所有的虚荣、焦虑。于是你说：“多么的美啊！”然而，不受外在什么东西的吸引，是不是还有美？这就是说，美在于没有自我之处。

因此，美在于没有自我之时。这需要极力地冥思，极力地探索，极强的纪律。“纪律”（discipline）意指从师学习的门徒——而不是守什么戒律，模仿，适应。学习本身就有它很重要的纪律。内在的简朴需要纪律。

另外，我们还必须细心地探索恐惧的免除是否可能。问这个问题真的非常重要。我不替各位问，各位要自己问。活在现代社会，有一切的残暴，有那些日益严重的暴力，是否还可能免于恐惧？何谓恐惧？人类一直在忍受恐惧，从来不曾解除恐惧。从来不曾。恐惧各有不同。你可能有自己的恐惧：怕死，怕鬼神，怕太太，怕先生，怕政客。天知道人有多少恐惧。恐惧是什么东西？不只是各种恐惧的经验，还有真实的恐惧，恐惧的实际状况——这一切到底是什么东西？如何产生？人类，也就是我们每一个人，为什么都承认恐惧——电视上的暴力，日常生活当中的暴力，有组织的谋杀（也就是战争）这种严重的暴力——是我们的生活方式？恐惧不是和暴力有关吗？我们在探索恐惧。但我们是探索恐惧的真相，不是恐惧的观念。恐惧的观念和恐惧的真实是不一样的。

因此，恐惧是什么东西？如何产生？和时间、思想有什么关系？我们可能害怕明天，害怕许多个明天，可能害怕之前发生过的事情，害怕眼前正在发生的事情。怕死则是最终的恐惧。恐惧是不是时间制造的？过去有人做了什么事情伤害了你。过去属于时间。未来也是时间。现在也是时间。所以我们要问：时间是不是恐惧的主要因素？恐惧有很多枝，很多叶。不过，修剪这些枝叶并不好。由于恐惧就是恐惧，所以要问的不是恐惧的各种类型，而是恐惧的根源何在？你因为恐惧而发明神，发明救主。如果心理上绝对没有恐惧，你就会得到极大的解脱，极大的自由。你已经把生命的一切重担丢掉。

所以，我们必须非常认真地，仔细地，再三地探索这个问题：时间是不是因素呢？显然是。我现在的工作不错，但我明天可能失业，所以我害怕。有恐惧，就有嫉妒、焦虑、憎恨、残暴。所以时间是恐惧的因素。时间是因素；思想——思考已发生的事，思考可能发生的事——也是因素。思考不就是恐惧的因素吗？思考是否已经制造了恐惧？我们已经看到时间制造了恐惧。我们说的时间不只是用时钟表示的时间，还有心理的时间、内在的时间："我会……""我不好，但是我会变好。""我要去除我的残暴。"这就是未来。这一切都意味着时间。

今天讲的这些，各位是否预备好了？是否真想讨论这些？如果是的话，我会很惊讶的，因为你们一向都是由心理学家、僧侣、领导来指示你们，告诉你们，指点你们该怎么做事。你们一直在寻求帮助，寻求接受帮助的新方法。所以变成了别人的奴隶。我们从来未能自由地探索时间，心理上从来未能完全独立。

我们现在要来探索时间。时间是什么东西？除了时钟，除了日出日落，白天与黑夜之外，时间是什么东西？拜托，各位如果从内在真正了解时间的本质，就会找到一种完全没有时间的、非凡的感觉。

过去是时间，未来是时间，现在也是时间。三者整个的循环就是时间。你的背景，你思考的一切，你经历的一切，你的经验，还有将你塑造成基督徒、印度徒、佛教徒的制约等就是你的过去。没有这个过去，你今天就不会在这里。你好像计算机一样，已经设定好了，两千年来只是一直在重复，重复，重复，如果是印度教徒，则是三千年、五千年来一直在重复。所以过去就是现在，你现在如何，是过去的结果。你的明天，一千个明天也是现在，所以未来也是现在。所有的时间全部包含于现在。这是事实，实际状况，不是理论。你现在如何，是过去的结果。你现在如何，未来也将如何。现在我很残暴，明天我将依然残暴，所以明天存在于现在当中，存在于眼前——除非我彻底地，根本地突变。我一向如何，将来亦将如何。我们经过了长久的演进，演化成现在这个样子。我们如果继续玩这个游戏，我们明天还是会一样残暴、野蛮。如此这般，既然所有的时间全部包含于现在——这是事实，是实际状况——那么，我们的行为，我们的生活方式，我们的思考、感觉是否有可能在现在完全突变？我们要是不能在心理上彻底地突变，那么我们过去如何，将来亦将如何。那么，这种心理的突变究竟是否可能呢？

各位知道，你一生也许对着某个方向一直走，也许和多数人一样，摇摆不定，根本没有方向。你一直向北方走。现在有一个人以最认真的态度告诉你，往北方走没有什么地方可以去，北方的终点没有什么东西。你很认真地听他的话——不但是用耳朵听，而且深入地听。他说："向东方或南方走。"你说："好！"从这一刻起，你便做了新的转向，产生了突变。论者现在说的比较简单，但要深入了解我们持续这种状况已经几千年，从来未曾稍有改变，问题其实很复杂。我们仍然残暴，仍然残酷。如果能够真实地知觉到这一点——不是理智上，言辞上知觉这一点，而是深入地知觉这一点，那么，我们便会转到另外一个方向。那一刻，连我们的脑细胞都会产生突变。

我们说因为我们靠时间生活，所以时间非常重要。我们却没有把时间当做整体。这个整体就是现在。现在包含了所有的时间，包含了过去与未来。要是今天我很残暴，明天我就还是很残暴。我是否能够今天就完全——不是部分——使残暴止息？可以。恐惧是不是思想制造的？当然是。但是不要论者这样说，你们就接受。今天我很平安，我却担心明天会怎样：也许会有战争，也许会发生什么灾祸。所以时间和思想是恐惧的根源。

那么，思考是什么东西？如果时间和思想是恐惧的根源——事实上就是——那么思考是什么东西？我们为什么都依据思想生活，行为，做一切事情？欧洲那些神奇的大教堂，那种结构，那种美，那种建筑，都是思想组合而成的。所有的宗教，及其一切排场，那些中古的僧袍，都是思想组合成的。所有的仪式都是思想构造，安排的。我们的人我关系，男人与女人的关系都建立在思想之上。你开车，根据的也是思想。“认知”也是思想。所以我们必须探索思考是什么东西。

问过这个问题的人可能不多，不过论者已经问了六十年。何谓思想？如果可以弄清楚思想的起源，思想的起初，思想为什么会在生活当中变得这么重要的话，这样的探索也许就会产生一种突变。所以，我们要问何谓思想，何谓思考？不要等我回答，自己看，自己观察。

文字就是思考。文字——文字的声音，文字的性质、深度，文字的美很重要。特别是声音。思考是记忆的一部分。如果完全没有记忆，我们是否还能够思考？不行。我们的脑就是记忆——事情的记忆，经验的记忆，整个记忆形成的背景——的器具。记忆由知识而生，由经验而生。所以，经验、知识、记忆、记忆所生的反应，就是思想。这一个经验、搜集、保留的过程变成了我们的知识。经验总是狭隘的——当然。经验和经验者是否有分别？好好想一下，弄清楚！如果没有经验者，是否还有经验？当然没有。所以经验和经验者是同一个东西，就如同观察者与被观察者是同一个东西一样。思考者和思想也没有分别。思考者就是思想本身。

如此这般，经验是狭隘的。你可以在科学或其他领域观察到这一点。他们通过经验，通过动物实验叫这种恐怖的事情，每天增加知识。这种知识可以增加，就表示是狭隘的。所以记忆也是狭隘的。思想由于这样的记忆，所以也是狭隘的。这样，思想因为狭隘，所以必然会制造冲突。请各位看看这里面的模式，不要光是接受论者说的话，否则就很荒唐。他不是权威，也不是上师。我们可以一起观察这个事实，一起观察思想和时间是恐惧的根源。思想和时间是同一种东西，不是有所分别的两种运动。看清这个事实，看清实际状况，看清时间和思想——时间与思想——是恐惧的根源。在自己身上观察，不要偏离事实，不要偏离“恐惧是由时间与思想引起”的事实。掌握这个事实，与这个事实同在，不要逃避。确实如此。这样，你就像手中握有宝贵的钻石一样，看到这颗宝石的美。这样，你就会看到心理上恐惧完全止息。没有恐惧，你就自由。有了那全然的自由，你就不会再有那些神，那些祭典，你成了自由的人。

当你自己成为老师又是门徒——一直在学习而不是累积知识的人——那时你就是一个非凡的人类。

一九八五年四月二十日　华盛顿 D.C

二、关系镜子·行动学习·悲伤·爱·死亡·神圣空间

我们要面对事物的真相，不要活在假象当中。活在假象当中，就很难再观察事物。欺骗自己，不面对真实状况，就不可能看到自己的真实面貌。我们很喜欢假象、幻觉，各种欺瞒的手段，因为害怕看见自己的真实面貌。要清晰、正确、确实地看到自己，唯有“关系”这一面镜子才有可能。这是我们仅有的一面镜子。你会从关系这一面镜子，看到自己的真实面貌——只要你允许自己看到自己的真实面貌。

我们永远想要在各方面得到快乐：性的快乐，感官的快乐，知识的快乐，拥有的快乐，学会某种精良技术的快乐，因为博学多闻而衍生的快乐，最后则是因为所谓“上帝”而快乐。人以上帝之名，以和平之名，以意识形态之名无休无止地追求快乐。人的快乐还有权力的快乐，权力凌越他人的快乐，政治权力的快乐。各位是否曾经发现竟然有人可以支配别人？因此权力真是丑陋的东西。然而快

乐只是钱币的一面，另一面就是恐惧。我们若是深入地、认真地了解恐惧的本质，快乐就会成为欢喜——看到美丽的事物，看到夕阳或曙光，黎明，美妙的色彩，水面反射的阳光，快乐变成了欢喜。这才是欢喜。然而我们培养的却是快乐的记忆。

行动是什么东西？我们一天到晚动个不停，不但身体动个不停，心里也动个不停，我们的脑无休无止地想着一件事又一件事，永远喋喋不休。不论是白天或者晚上在梦中，我们的脑永远都不休息，永远在动。行动是什么东西？“做”(doing) 是什么东西？Doing 永远是现在式，没有什么已经做了或“我会做”。如果我可以用这三个字的话，“行动的”意思就是现在就做，准确地、完全地、完整地做。行动是完整的，完全的，不是部分的。行动如果建立在意识形态上，就不再是行动，不是吗？行动如果建立在意识形态上，就是在附和已经成立的模式，因此就是不完整的，就是根据记忆，根据结论而行的行动。行动如果是根据什么意识形态、模式、结论而行，就是不完整的，其中就会有矛盾。

行动是和秩序还是混乱有关？我们活在混乱当中，我们的生活混乱、失序、矛盾——说是一回事，做又是一回事；想是一回事，做的却是完全相反。秩序是什么东西？混乱又是什么东西？行动和秩序与混乱又有什么关系？

混乱是什么东西？各位愿意的话，请看看这个世界。这个世界置身混乱当中，随时在发生恐怖的事情。我们很少有人知道科学界的现况，军事界的现况，别的国家发生的恐怖事情，所有国家的贫穷，巨大的贫富差距，战事随时可能爆发，政治团体与政治团体间互相敌对，等等。如此这般，这个世界极度混乱。这是真实状况，不是发明出来的东西或假象。我们制造了这种混乱，因为我们自己的生活就很混乱。我们企图借社会改革创造秩序。我们想寻找秩序，可是却不了解混乱,也不了解混乱如何止息。这就好比一颗心疑惑不明，却想追寻清明一样。这样的话，我们的生活，日常生活的混乱可有止息的可能？混乱止息，自然就有秩序。这个秩序，就是不依照什么模式或模型而活着。

我们现在是在探索自己，观察自己，在学习自己的事情。学习和求得知识不一样。如果你们愿意稍微用心一下，那么学习这个过程是毫无止境的，没有限度的，知识倒是永远都很狭隘。学习不但指视觉上的观察，也包含毫无扭曲，确实地看事物的本来面目。这需要的是学习者的纪律，不是什么传统、正统可怕的戒律，也不是遵从什么规律，什么规条。这种学习是经由清晰地观察，准确地聆听别人的话，毫无扭曲而学习。学习不是累积，因为学习的时候你一直在动。学习我们内在有什么样的混乱,秩序就会自然地、轻松地、出乎意料地产生。有了秩序，秩序就是美德。除了完全的秩序，别无美德。秩序是完全的美德，不是别人施加给你或指定给你的美德。

每一个人类，不论贫富，不论聪明或像我们这样的平常人，都在承受各式各样的苦。各位有没有发现人几千年来一直在哭泣，几千次战争中一直在哭泣？这个世界有着深重的悲伤。我们并不是说这个世界没有快乐、欢喜,但是如果能够了解悲伤,因而使悲伤止息,我们将找到更好的东西。悲伤是否可能止息？人类是否注定要永远受苦，不但生理上，心理上也要永远受苦？我内在极为痛苦，可是一句话都不说，也不吐露心声。从时间的开始到现在，人类一直在演进。在这个悠久的演进过程当中，地球上的每一个人类都在受苦。苦不单是失去自己怀念、喜欢、心爱的人才是苦;贫穷、不识字也是苦。你要是去印度或什么国家，就会看到那些小男孩和小女孩为了上学要走好几里路。他们永远不会富裕，永远不会有机会坐汽车，更可能永远没有机会洗热水澡。他们只有一件纱丽，是他们全部的所有。

这就是悲伤。那个坐着汽车经过、看到他们的人，如果够敏感，觉察力够强的话，也会同样悲伤。另外还有无知的悲伤。这个无知指的并非不识字，不会写字的无知，而是不了解自己的无知。悲伤的事情太多了。

这样的悲伤是否可能在每一个人身上都止息？悲伤有人自身的悲伤，也有世界的悲伤。人类有过几千次的战争，造成人的伤残，其残酷令人惊骇。地球上每一个国家都在做残酷的事情。这已经够令人惊骇了，可是我们还在继续干残酷的事情。残酷之事制造了深重的悲伤。身为人类，纯粹地、敏锐地觉察这一切，看到悲伤实在是可怕的东西。所以不禁要问这样的悲伤是否可能止息。请各位问问自己悲伤是否可能止息？悲伤和怨恨一样，有悲伤就没有爱。因为，如果你很苦，你便只关心自己的苦，这时怎么会有爱？所以，不论有多难，我们都要问这个问题——为的不是要求到答案，而是要使悲伤止息。

何谓悲伤？悲伤是自怜吗？拜托，请探讨。我们不说悲伤是或不是自怜，我们在问。悲伤是自怜造成的吗？自怜是悲伤的因素吗？悲伤是孤单，是极度的孤立造成的吗？是在这样的孤立中和任何人都没有关系造成的吗？

悲伤是否只是知识性的东西，所以可以找出理论来解释？人是否可以与悲伤同在，而不必寻求舒解？这就是说，与悲伤共存，不逃避，不找理由，不寻求舒解，不寻求什么宗教的、虚假的、浪漫的逃避方法，而是和一件意义重大的事物同在。悲伤不只是丧子丧妻丧夫时实际的惊痛，而且是一种巨大的生物的惊痛。这种惊痛会使人瘫痪麻木。那么，我们是否可能确实地正视内在的悲伤，掌握内在的悲伤，与之同在，不逃避？悲伤和那受苦的人是没有分别的。受苦的人想逃走，想尽办法逃避。如果你能够正视悲伤如同注视漂亮的小孩子一样，掌握悲伤，绝不逃避，这样的话，你真的观察得很深入，就会看到悲伤是可能止息的。悲伤止息，就会产生热情——是热情，不是情欲，不是感官的兴奋。有这种热情的人不多，因为我们已经在自己的哀伤、痛苦、自怜、虚荣之中消耗殆尽。我们的能量很大，只是损耗在冲突、恐惧、无事忙碌的喋喋不休当中。但是热情的能量很大。这种热情不是激发出来的，自身也不追求刺激。它只是在那里，像一把火在那里燃烧。唯有悲伤止息了，才会有这样的热情。

如果悲伤止息了，这并非你个人的止息；因为你就是全体人类。我们每一个人都在受苦，都同样的孤单。地球上每一个人，不论贫与富，不论博学或无知，都有深重的焦虑——不论意识或潜意识皆然。你的意识并非你的意识，而是人类的意识。你的信仰，你的悲伤，你的自怜，你的虚荣，你的傲慢，你的追求权力与地位就是这个意识。这一切就是你的意识，又为全人类所共有。所以，那不是你独有的意识。如果你了解这一点——不是言辞上、知识上或理论上了解，或者当做概念来了解，而是作为真实状况来了解——如果你了解这一点，你就不会再杀人，不会再伤害别人。你将拥有一件完全不同，全然属于另一个空间的东西。

爱是什么东西？爱这个字用得太随便了。这个字变成与感官和性有关，和快乐合而为一。但是，要寻找这样的芬芳，我们先要探讨什么东西不是爱。你可以从反证达到正解，这个过程倒过来就不行了。从反证哪些东西不是爱，你就会达到那无比真实的，那个叫做爱的东西。

恨不是爱；这一点很明显。虚荣、傲慢不是爱。爱不在权力的手上——想要有权力支配小孩子，支配某个团体，某个国家，当然不是爱。快乐不是爱，欲望也不是爱，思想肯定也不是爱。如果你野心勃勃，一味夺取——因为你们接受的教育都是要你们成功、出名、为人所知，真是非常幼稚——怎么还会有爱？

爱请不来，培养不来。爱是其他东西没有了，就自然地、轻松地发生。学习自身的状况，你就会发现这个东西。有爱，就会慈悲。慈悲有它本身的智慧。这种智慧是最高的智慧，不是属于思想的智慧，不是狡猾欺诈的智慧。唯有爱是完全的，有慈悲的时候，才会有那高超的、绝不机械化的智慧。

我们要不要来谈一谈死亡？各位是否有兴趣了解死亡是怎么一回事？死亡、临死、结束这样的字眼意义何在？不但是结束，包括死亡之后发生的状况，这些东西的意义何在？死亡之后，是不是还会带着生前的记忆？亚洲人相信轮回。这就是说，我过了悲惨的一生，有那么一点有益人世，然后我死了，下一辈子我也许会过得比较好，比较能够为善。这和生活当中的所有事情一样，根据的都是赏罚原理。基督徒也有所谓的复活等东西。

但是，如果把这一切都放在一边，确确实实地放在一边，不执著于其中任何一件事情，那么死亡是怎么一回事？“死了”——不只生理上，生物体上死了，心理上也死了——是什么意思？你累积了所有的记忆，你有你的性向、技艺、特质；不论是金钱、知识、友谊，你都积攒了一些。然后有一天死神降临，告诉你说：“抱歉，你不能带任何东西走。”死是什么意思？什么东西？我们要如何探讨死亡？我活着，每天过生活，都是照章行事，机械化，有悲惨，有快乐，有不快乐。然后死神通过意外，通过疾病，通过衰老过来了。我们怕死，从来不曾看见这件事情的非凡壮盛。小孩子出生了，一个新的人类存在了。这是一件非凡的事情。这个小孩子长大，变成这样的人，然后死掉。死亡也是最非凡的事情。一定是。如果你害怕，就看不到其中的深刻与壮美。

死当然意味着一切事物的结束，种种关系的结束，我一生拼凑的所有事物、经验、所有知识的结束。我过了愚昧的一生，毫无意义的一生。然后死神降临，告诉我说："这就是结束。"但是我很害怕。怎么可以结束？我得到了那么多的东西，聚集了——不只是家具、绘画——这么多东西。我已经和这些家具，这些绘画，还有我的银行账户合而为一。所以这些家具，这些绘画，这个银行账户就是我。你完全和某个东西合而为一，你就是那个东西。我已经扎根，在自己身边建立了很多东西。然后死神来了，把这一切完全扫除。于是我们就问自己说，我是否有可能随时和死亡同在？不是等到九十岁或一百岁，不是等到生命快结束之时，而是用全部的能量，全部的生命力，包括所有事情照样持续之下，我是否可能随时与死亡同在？不是自杀。我指的不是这个。这太愚蠢了。与死神同在，意思是我聚集的一切每一天都结束。是这样的结束。

各位是否探讨过持续是什么东西，结束又是什么东西？会持续的东西没办法自我更新，重生。如此这般，我是否可能与死亡同在，也就是说，凡是我所作所为，我所聚集的一切是否可能随时结束？结束比持续重要。结束表示有新的东西重新开始。一味地持续，只是原有的模式换个模子继续重复而已。因此，我是否可能与死亡共存？这意味着自由——完全的、全然的、整体的自由。这种自由有的是大爱与慈悲，有的是广大的、无量的智慧。

人一直在追求超越一切痛苦、焦虑、悲伤的东西。然而，在思想可及的范围之外，是否有那神圣的、永恒的东西？这个问题，从最古老的时代就有了。何谓神圣？无时间，无名，不坏，无性质，无局限，永恒的东西是什么？有这种东西吗？人问这个问题问了几千几万年。所以，人拜太阳，拜地球，拜大自然，拜树木，拜小鸟。自古以来，凡是地球上活着的东西，人都拜。吠陀诗歌和奥义书从来不提上帝。他们说，那至高无上的东西是不会显现的。

如此这般，你们是否也在问这个问题？所有的教会都有思想拼凑的东西，但有没有不是思想拼凑的东西？宗教是什么东西？而且，宗教的心、宗教的脑又是什么？要深入地，而非粗浅地探索这一点，必须要有全然的自由。不是免除什么事情什么东西的自由，而是整体的、本然的自由。可能吗？活在这个丑陋的世界，可能没有痛苦、悲伤、焦虑、孤单吗？

如果人的生活是有秩序的——真正的秩序——那么冥思是什么东西？遵循某种体系，某种方法，遵循禅宗的方法，佛教的方法，印度教的方法，最新的上师的方法是不是冥思？如果冥思已有定论，冥思要遵循什么体系，什么方法，每天练习，那么我们的脑会怎样？我们的脑会一天比一天迟钝。冥思是不是和这个完全不同？冥思与体系、方法、修行完全没有关系，所以也绝对不会机械化。冥思也绝对不是有意识的，否则就像人们意识到需要金钱，所以追求金钱一样，人也会因为要平安，要安静，所以便有意识地冥思。追求所谓精神性和追求金钱、成功、权力是一丘之貉。

那么，不修行，没有定论，是否会有冥思？有，但是需要极大的关注。这种关注是火焰，不是你意识到的东西，而是当下关注于一切，关注于每一个字，每一个姿势，每一个念头；是完全的关注，不是部分的关注。如果你现在三心二意地听这些话，你就没有完全的关注。完全的关注就没有“我”，没有局限。

我们现在的脑充满了信息，堵塞成一团，里面已经没有空间。但是我们必然需要空间。空间表示能量。没有空间，你的能量就很有限。我们现在的脑背负着知识、理论、权力、地位的重担，永远壅塞，永远冲突。这就是没有空间。但是自由，完全的自由，却是要有无限的空间。我们的脑原本就有超凡的能力，无限的能力，可是我们把它弄得很渺小、卑下。然而如果有那个空间，那个空性，因而有那个广大的能量——也就是热情、爱、慈悲、智慧——那么最神圣的真理，从无可记忆的时间以来，人一直在追寻的真理就会显现出来。这个真理不在什么寺庙、清真寺、教堂里。这个真理，除了人了解自己，探索、探究、学习自我，无路可达。唯有人了解自己，才会有这个永恒的事物。

一九八五年四月二十一日　华盛顿D.C.

关于本书的翻译

廖世德

本书的原文为英文。全世界的语言共分为十二大语系，英文属于其中印欧（Indo-European）语系中的日耳曼（German）语系，中文属于十二语系中的汉藏（Sino-Tibetan）语系，两者风马牛不相及，不是堂亲，也不是表亲。要让这两个语系的观念互通，向来都是勉强为之，所以有人说翻译是不可能的艺术。美国文化学者、文学评论家乔治·史坦纳（George Steiner）在《巴别塔之后》（After Babel）这本书里说，人类的每个民族之所以各有各的语言，用意是在维护自己民族的“秘密”。这使我们联想到每个民族在教导下一代本国语言时，似乎是在两代之间，也在下一代彼此之间进行“互相约定”的仪式，约定自己的一套符号（记号、文字）以传达彼此之间的意思，而外人（外国人）无从知晓。

然而，几乎有人类以来就有翻译，因此也可以说翻译究竟还是可能的。之所以可能，最大的原因是人类的生活经验有极大部分是相同的。所以，只要把异国符号的意思学起来，便可以对异国的事物进行了解，并依据相同的生活经验进行翻译——大致如此，不只如此。

本文要讲的是，本书有一篇《克里希那穆提的教言和真理有什么关系？》是属于对话录。对话录就是两人或两人以上在一个现场内对谈，不是作者一个人独自埋首写作。作者独自一人写作时，他笔下写出来文字差不多等于他要表达的东西。但是现场对谈则不然。或许有人和译者一样，听过收音机现场转播舞台剧。以收音机听舞台剧时，常有一种经验，当现场观众笑场的时候，听众不知道为什么。为什么？就是因为现场有些东西，听众看不到；有一些信息是在现场以当时的气氛，演员的动作、表情、眼神，乃至于灯光、特效等表达的；而这些，听众都看不到，所以他不知道现场观众为什么笑场。对话录就有类似这样的特性。所以，译者，他就碰到了一个很诡谲的翻译尺度的问题。对话录既然有上述的特性，那么，把它誊出来变成文字（纯符号）读起来时，即使对原文读者来说，都不见得能够完全清楚。因为，现场的很多（可以目视的）信息已经过滤掉，只剩下声音。接下来再变成文字，又过滤掉可听闻的信息。所以原文读者比现场观众少了很多可以了解的信息。等到涉及翻译时，又要把信息已经残缺的文字转换另外一种文字，因此又要面对异国文字转换的问题——这个问题已如前述。所以，译者要怎样掌握翻译的尺度呢？基本上，良好的翻译必须使译文读者读起来像原文读者读原文一样。这个原则平常一点问题都没有。但是，当原文不清楚的时候，问题就来了。因为，原文若不清楚，译文要不要清楚？照原则是要和原文一样“不清楚”。但是，要多不清楚？译者认为不清楚的地方，原文是否真的不清楚？译者是否“有责任”给读者完全清楚的译文？读者是否“有义务”接受不清楚的译文？等等。

在这个情形下，译者和编者便协商出一个尺度，照我们自己的判断，译个“大约八九成清楚”。这个“八九成清楚”是译者认为的八九成，是和编者形成共识的八九成。所以，若有读者读起来认为不只八九成，那是读者聪明颖悟。如果有读者认为译文不清不楚，那么这个文责自然是属于译者的。

翻译克氏著作，常觉是在冥思，受益匪浅。相信读者亦是灵性高超之人。在这样的“同修共度”之下，读者当然是很愿意为我指正的。不是吗？

图书在版编目（CIP）数据

全然的自由.2 /（印）克里希那穆提著；廖世德译. —上海：上海三联书店，2016.3
ISBN 978-7-5426-5449-6

Ⅰ.①全… Ⅱ.①克… ②廖… Ⅲ.①克里希那穆提,J.(1895～1986)－哲学思想 Ⅳ.①B351.5

中国版本图书馆 CIP 数据核字（2016）第 005385 号

全然的自由 Ⅱ

著　　者／〔印度〕克里希那穆提
译　　者／廖世德
总 策 划／贺鹏飞
责任编辑／陈启甸
特约编辑／耿江秀
装帧设计／Metis 灵动视线
监　　制／吴　昊
出版发行／上海三联书店
（201199）中国上海市都市路 4855 号 2 座 10 楼
http：//www.sjpc1932.com
印　　刷／北京旭丰源印刷技术有限公司
版　　次／2016 年 3 月第 1 版
印　　次／2016 年 3 月第 1 次印刷
开　　本／640×960　1/16
字　　数／145 千字
印　　张／15

ISBN 978-7-5426-5449-6/B·453

定　价：28.00元

Krishnamurti Foundation Trust Ltd.,
Brockwood Park, Bramdean, Hampshire
SO24 0LQ, England.
E-mail:info@kfoundation.org Website:www.kfoundation.org
And
Krishnamurti Foundation of America
P.O.Box 1560, Ojai, California 93024 USA
E-mail:kfa@kfa.org, Website:www.kfa.org

著作权合同登记号 图字：09-2015-1119